I0039496

J. BEAUVARLET

DU GOUVERNEMENT

de soi même

APERÇUS DE PHILOSOPHIE POPULAIRE

DEUXIÈME ÉDITION

« Æquè pauperibus prodest locupletibus æquè ;
« Æquè neglectum pueris senibusque nocebit. »

GUÉRET
Imprimerie P. AMIAULT, boulevard Saint-Pardoux

1891

DÉPOT LÉGAL

J. BEAUVARLET

DU GOUVERNEMENT

de soi-même

APERÇUS DE PHILOSOPHIE POPULAIRE

DEUXIÈME ÉDITION

« *Æquè pauperibus prodest locupletibus æquè* ;
« *Æquè neglectum pueris senibusque nocebit.* »

GUÉRET
Imprimerie P. AMIAULT, boulevard Saint-Pardoux
—
1891

Ceux qui s'intéressent aux choses de l'esprit trouveront dans cet écrit des enseignements pratiques sur les conditions de l'existence et sur les moyens de l'améliorer par la culture rationnelle. Il nous conduit sur les domaines trop peu fréquentés des philosophes et des physiologistes ; il étudie l'homme dans ses aspirations, dans ses tendances et dans ses activités ; il traite de l'éducation de la pensée et se propose d'éveiller les saines curiosités, en substituant les notions fécondes de la réalité objective aux spéculations stériles et à l'empirisme. Les progrès accomplis dans cet ordre d'idées sont loin d'avoir pénétré dans la conscience ; il importe de les divulguer et de montrer que l'exercice normal de l'intelligence et la soumission réfléchie aux lois supérieures sont les conditions essentielles de l'amendement de l'individu et du perfectionnement social.

La psychologie demeurera une science de mandarin, tant qu'on ne l'aura pas libérée de la servitude des abstractions et dégagée des moules étroits du dogmatisme, pour la considérer dans l'expérience. Quelles clartés avons-nous retirées de la phraséologie pompeuse et vide de l'ancienne philosophie universitaire ; de la doctrine des *facultés* ; des rêveries et des subtilités de la psychologie classique ; quel profit, de la sécheresse et de la stérilité des programmes ; quelles lumières, quelles notions solides pour l'explication des faits de conscience ? Et combien sont peu nombreux ceux d'entre nous, ayant acquis une opinion réfléchie sur les problèmes de la métaphysique, de la psychologie, de l'hérédité, de l'éducation, de la liberté, de la morale, du progrès ?

Il faut apprendre ce que tout le monde doit savoir ; il faut que chacun possède des données précises pour la direction de sa conduite et l'accomplissement de ses destinées. Puisse l'intérêt majeur de l'éducation populaire inspirer à des écrivains autorisés l'idée de consacrer leur talent à la diffusion de la science de l'homme, présentée avec une clarté attrayante et affranchie des aridités et des transcendances qui rebutent la plupart des lecteurs. Ébaucher le sujet, c'est peut-être provoquer l'entreprise. Il n'est si faible apport qui ne profite à l'œuvre.

I

Considérer l'esprit dans sa genèse et dans son action; l'idéation et la moralité dans leur principe et dans la pratique ; appeler l'attention sur des enseignements qui s'adressent à tout le monde, parce que tout le monde est justiciable des lois supérieures et que personne ne peut se soustraire à leur empire ni se désintéresser de leur application, c'est répondre aux besoins d'une époque où l'éducation publique est le mobile des préoccupations les plus légitimes et les plus pressantes. Il n'est pas inutile de montrer que l'avenir de nos aspirations est subordonné à la réformation et au progrès des mœurs individuelles et d'opposer les révélations de l'expérience aux élucubrations de certains écrivains, très-habiles dans l'art de marier la littérature à l'industrie et d'exploiter les plaies sociales, mais plus capables de les envenimer que de les guérir. La science nous défend de leurs provocations ; on ne saurait donner trop de publicité à ses préceptes.

L'esprit philosophique a des alternatives de vogue et de défaillance. Un plat sensualisme tend à substituer des appétits aux choses de la pensée et à ruiner les conquêtes de l'intelligence. Longtemps le rôle des lettres a été de stimuler la culture mentale, en nous aidant à réaliser des acquisitions utiles à l'esprit. On les voit maintenant abdiquer cette mission supérieure, pour décrier nos aspirations et dévaster la vie. S'il est vrai que l'état des lettres est l'expression des tendances, on peut dire que le crédit des publications malsaines est un symptôme alarmant du déclin des mœurs et de l'abaissement des caractères. Ne croirait-on pas que la modération et la sagesse ont disparu dans une crise d'hystérie générale, où tout le monde cherche à s'étourdir par l'enivrement et l'exaltation ? Les écrits d'un certain ordre semblent avoir pris à tâche de diffamer les hommes et les choses et de les vouer au mépris et à la risée publique. L'art caresse les passions inférieures et anti-sociales ; la morale chancelle ; la conscience hésite ; on ne respecte plus rien, quand on a perdu le respect de soi-même. N'est-il pas révoltant d'assister à la dépression, au batelage et aux débauches de la littérature, alors que, les mains pleines de vérités pratiques, elle ne devrait songer qu'à les répandre et à restituer à la raison l'empire usurpé par le mensonge et la bassesse ; de la voir galvaniser les instincts les plus grossiers, quand-la science, nous comblant des bienfaits de ses découvertes, nous montre combien la prospérité de l'esprit est étroitement liée au respect des lois naturelles et à la dignité de l'existence ?

Outrés des excès d'une librairie malpropre et d'une esthétique de bas étage ; n'ignorant pas que les émancipations qui affaiblissent la moralité mènent en ligne droite à l'abrutissement, ceux qui n'ont pas renoncé à la réflexion se demandent avec inquiétude si nous avons mérité cette dégradation et si l'édifice séculaire de notre éducation doit bientôt s'écrouler sous les déclamations répulsives des imposteurs et des cyniques. Est-il vraiment permis de considérer la personne humaine comme un jouet méprisable et l'existence comme une orgie ? N'existe-t-il pas d'autres sujets d'étude que l'abjection et les passions ignobles ; d'autres champs d'observation, qu'un naturalisme crasse, les turpitudes et l'ordure ? Ayez le courage

de jeter les yeux sur les papiers scandaleux qui
foisonnent, vous comprendrez les ravages que de
telles conceptions exercent sur les esprits faibles,
ne voyant le monde qu'à travers l'optique d'un
réalisme grossier. L'esprit subit les influences qui
l'entourent. Il est certain que l'étalage de sentiments pervers et d'idées vicieûses est un agent
actif de dépravation et que la fréquentation de
ceux qui pensent faux, déroute la conscience et la
raison. L'homme emprunte sa dignité, il doit
toute'sa valeur à l'existence de la loi morale. Ces
enseignements trompeurs sont aussi contraires aux
besoins de son intelligence, qu'une alimentation
adultérée est nuisible à la conservation de sa
santé physique. On serait tenté de croire que le
trafic de la littérature frelatée et la funeste industrie
des sophistications s'unissent pour conspirer à
notre dépérissement et que le mensonge est plus
estimé que la vérité.

Il est vrai que ceux qui n'envisagent l'homme
qu'au point de vue de l'animalité et ne voient en
lui qu'un système de tissus perfectionnés, consi-
dérent l'idéalité comme un mot vide de sens ; le

gouvernement des instincts comme une besogne superflue ; le souci des fins comme une préoccupation oiseuse. On n'a pas besoin d'être grand clerc, pour découvrir qu'au contraire de l'animal, homme inachevé, dit Aristote, qui, lui aussi, est composé de tissus, mais qui demeure immobile et soumis à des forces impératives, et qui n'a pas d'histoire intellectuelle, l'homme a le pouvoir de dominer son milieu, de devancer la sélection naturelle, d'analyser les phénomènes extérieurs, de s'élever à la notion d'un idéal abstrait, de conserver et d'agrandir les connaissances acquises, de placer la supériorité de l'entendement au-dessus des satisfactions physiques et de s'améliorer par la culture de ses acquisitions.

Oui, l'homme réduit à sa plus simple expression n'est qu'un être instinctif ; il plonge dans l'animalité et relève de ses lois, puisqu'il est l'animalité totalisée ; mais elles ont chez lui un caractère unique. Seul, il s'affranchit des entraves de la condition instinctive, où la force et les appétits règnent sans partage, où les générations restent étrangères à celles qui les précèdent et qui les suivent ; seul, il a le pouvoir de se livrer à des investigations sur les phénomènes de la vie et de

l'esprit, de les poursuivre et de les interpréter
jusques dans leurs origines et leur constitution.
L'intelligence de l'animal demeure stationnaire et
ses facultés psychiques comportent un maximum
de mentalité. La sensibilité, la mémoire, le
jugement du chien, de l'éléphant, de l'abeille, de
la fourmi d'aujourd'hui restent contenus dans les
limites des aptitudes de leurs congénères des
temps passés. L'homme communique, échange
ses pensées, conçoit et exprime des idées générales,
profite de l'expérience commune pour enrichir
son intelligence et réaliser des progrès irrévocables.
Les états d'esprit des animaux sont fugaces ; leur
intelligence n'est que le crépuscule ou le prélude
de la raison ; la caractéristique de l'intelligence
de l'homme, qui occupe la place d'honneur dans
la création, c'est la succession d'états de conscience
avec souvenir, l'accroissement de la mentalité, la
recherche des causes, l'interprétation des lois,
la conception de l'idéal.

L'enquête sur les origines et sur les fins est le
trajet de la conscience à Dieu. La métaphysique
est essentielle à la pensée, parce qu'elle répond à

un besoin réel d'explication des choses et que l'observation des phénomènes n'explique l'énigme du monde que par des lois et des forces qui sont elles-mêmes chose inexplicable. Si le monde n'est pas sorti d'un miracle, il est une prodigieuse merveille. Loin de renfermer nos aspirations dans les limites de l'expérience, on a vu de tout temps la spéculation et l'étude chercher à élargir les horizons et s'élever aux conceptions supérieures. La métaphysique vivra autant que la conscience : *Perennis philosophia.*

Vacherot peut soutenir que Dieu n'existe que dans l'imagination ; d'autres, que Dieu, c'est le Moi idéalisé ; Hæckel, ne voir en Dieu, que l'unification des forces naturelles ; Büchner, proclamer que le déisme est un conte fantastique du passé et que les hommes ne font que spiritualiser leur propre pensée, en construisant la réalité d'après leurs conceptions ; Strauss, affirmer que le gouvernement du monde doit être considéré comme l'effet d'un pouvoir immanent aux forces cosmiques ; c'est en vain qu'ils regardent l'ordre et la vie comme le résultat du jeu spontané des forces inférieures de la nature. Eliminer l'absolu, sous prétexte qu'il est en dehors des règles de la logique ; substituer des entités aux inconnues ; expliquer le monde par la préexistence et le mouvement propre de la matière, ce n'est expliquer ni la nature, ni l'ordre, ni la vie, ni le principe du mouvement universel.

Les naturalistes conçoivent la nature comme l'intelligence pétrifiée ; ils laissent la métaphysique au seuil du laboratoire. *La géométrie sourde qui préside à l'architecture des molécules vivantes ;* les évolutions cosmiques et la création permanente qui s'élaborent sous nos yeux dans les profondeurs de l'espace se réduisent pour eux à la constitution primitive et à l'évolution nécessaire des éléments et de leurs propriétés : l'intelligence divine n'est autre chose que la force primordiale inhérente à la matière ; la matière, la force et l'esprit sont les aspects différents du même principe fondamental. L'idée d'une force abstraite et indépendante de la matière est une idée absurde, par la raison que l'intervention divine ne peut s'accorder avec des lois immuables ; les lois immuables de la nature sont superflues, si la raison éternelle gouverne le monde. Si, au contraire, les lois immuables régissent la nature, elles excluent l'intervention divine.

L'école expérimentale consent à ne pas bannir entièrement Dieu de la nature ; mais elle le relègue aux arrière-plans et l'isole dans une sorte de monarchie nominale et sans attaches. Elle tolère les conceptions visant l'existence d'un principe supérieur ; mais elle les néglige comme superflues, parce qu'elle ne se reconnaît pas le droit de poser des questions insolubles et qu'elle prétend s'arrêter aux limites infranchissables des causes premières, pour borner ses aspirations au monde des phéno-mènes. On ne supprime pas l'absolu en *poussant le verrou* là ou cesse la notion claire des choses et en tenant pour non avenus les problèmes qu'il soulève.

La conception de l'intelligence pure, de l'ordre, de l'infini s'impose avec une autorité souveraine et universelle. De même que l'analyse retrouve toujours les mêmes substances élémentaires dans toutes les combinaisons organiques, c'est toujours Dieu que poursuit la pensée considérant le principe, la réalité dernière. La notion de l'infini surgit à la fois de la contemplation de l'ordre physique et des révélations de la conscience. On peut s'abstenir de dessiner ou d'incarner la personnalité de l'indéterminé et de l'inconnaissable ; il n'est pas permis de dénier la puissance vivante dont on sent les palpitations sous toutes les formes de l'œuvre universelle.

Aucune philosophie ne s'arrête aux frontières du monde visible ; il n'en est pas qui ne remonte à la conception du principe et de la finalité. On s'étonne d'entendre les matérialistes déclarer que la finalité n'est qu'un produit de l'esprit, s'extasiant devant un miracle dont il est lui-même l'auteur. Comment est-il possible de refuser à la constitution du monde le caractère révélateur d'un plan préconçu ; comment concilier l'automatisme des forces avec la stabilité et la convergence manifeste des causes ? Les astres tournent toujours sur leur axe immobile dans des orbites prescrits ; les lois naturelles sont invariables. Il faut vraiment fermer les yeux à l'évidence, pour ne pas reconnaître dans la grandiose *manufacture de l'univers* des desseins combinés, des lois appropriées et adaptées à un but, des rapports associés, des tendances, des connexions, des harmonies ajustées à un ordre général.

Voltaire, Bernardin de Saint-Pierre, Fénelon,

faisant une application anthropocentrique des causes finales, ont pu écrire que les nez sont faits pour porter des lunettes ou que le melon a été divisé en tranches pour êtrc mangé en famille ; ils ne discréditent pas plus la téléologie que ceux qui soutiendraient que les palmipèdes ont été mis au monde pour nous fournir des plumes à écrire et des édredons, ou que la baleine a reçu l'existence en prévision du commerce des parapluies.

Reid et Bossuet formulent rationnellement le principe de la finalité, en disant que les marques de l'intelligence et du dessein dans l'effet prouvent un dessein et une intelligence dans la cause et que tout ce qui montre de l'ordre, des proportions prises et des moyens propres à produire certains effets montre une fin expresse, un dessein formé, une intelligence réglée. Non ; la nature n'est pas un accident. On ne peut raisonnablement nier la coordination combinée des phénomènes, l'accommodation constante des moyens et des buts. Qu'on imagine, dit Janet, un ouvrier aveugle, destitué de toute intelligence, ayant fabriqué sans le savoir une clef adaptée à la plus compliquée des serrures ; c'est là ce que ferait la nature conçue comme un produit du hasard. Ni l'évolu-

2

tion ni le transformisme n'expliquent l'ordre universel ; ils ne contiennent pas plus le principe d'un développement rationnel qu'ils ne montrent comment d'un chaos primitif ont pu sortir le système régulier, l'économie générale et la constitution des lois.

L'histoire de l'idée de Dieu est la propre histoire de la civilisation. Nier la perpétuité de l'idéal serait aussi insensé que de contester la réalité des ambitions de l'intelligence. L'effacement de l'histoire n'abolirait pas la conscience de l'humanité. On aura beau rejeter la métaphysique et condamner la vanité des efforts de l'homme pour arriver à connaître l'inconnaissable, on ne détournera jamais l'esprit de la recherche des causes et des fins de l'activité humaine. Newton disait que *nous approchons de Dieu à mesure que nous découvrons des lois plus simples et plus générales*. Il eût regretté d'entendre Laplace qualifier d'hypothèse l'auteur des lois de l'univers.

A tous les degrés de la culture, et bien que son esprit soit aussi incapable *de regarder en face l'intelligence suprême que ses yeux, de soutenir l'éclat du soleil*, l'homme a cherché la solution des mystères qui l'entourent. Il a toujours interrogé son passé et son avenir ; il s'est toujours demandé ce qu'il est, d'où il vient, où il va, à quel principe supérieur il se rattache ; il a toujours eu conscience de sa faiblesse au milieu de l'immensité qui l'enveloppe et le sentiment de l'indigence de son savoir dans le champ infini de la curiosité.

La science du passé, réduite à l'état parcellaire, étudiait les phénomènes comme un amas de faits sans liaison et ne se préoccupait ni de leur relativité ni de la solidarité des lois. Aujourd'hui, les efforts de l'observation sont ordonnés et concentrés dans un même dessein ; la science supérieure de la vie continue et complète les sciences de détail ; elle observe et analyse de proche en proche l'ensemble et les caractères des manifestations de tout ordre qui nous environnent et le concours systématique de toutes les connaissances est acquis à l'explication intégrale de l'homme. Paul Bert appelle l'anthropologie : *un carrefour de sciences.* Il serait peut-être plus vrai de dire qu'elle est le centre même de la science et que les autres branches d'études empruntent leur intérêt aux contributions qu'elles lui apportent.

Un grand nombre de travaux, nés du rapprochement sur le terrain de l'observation des sciences naturelles et de la psychologie, ont établi des vérités plus solides que les anciennes hypothèses. On ne peut nier que le progrès scientifique, l'émancipation de l'esprit moderne et l'épuration que les générations font subir aux croyances de leurs devanciers, ne tendent à nous éloigner des légendes primitives, ces momies de la pensée, et des dogmes hostiles au développement de la culture, cette gangue de l'intelligence. La transaction entre l'esprit moderne et l'esprit ancien est, dit Littré, le gond sur lequel tournent les rénovations sociales.

L'expérience historique et les révélations de la psychologie enseignent que la religion et la philosophie répondent à deux moments distincts de la vie intellectuelle. Dans l'histoire de l'individu, comme dans l'histoire de l'humanité, l'imagination est le caractère dominant de l'état religieux ; la raison est le degré supérieur de l'évolution de la pensée. Les variations des opinions humaines obéissent, dit Comte, à une loi qui fait passer toute conception théorique par trois états successifs : l'état théologique, attribuant des formes concrètes à la cause absolue des évènements ; l'état métaphysique, donnant à cette même cause des formes abstraites idéales ; l'état positif, qui renonce à la recherche des origines et de la destination de l'univers et ne s'attache qu'à découvrir l'explication des phénomènes et l'expression de leurs relations fondamentales.

Il est certain que les religions devront s'harmoniser avec les lois de la raison et qu'une conception impersonnelle du principe de l'intelligence, élaguée du bois mort des mythes et des chimères, des extravagances de l'idolâtrie et purgée des superstitions qui érigent les symboles en réalités physiques, deviendra le fondement du culte intérieur, la base philosophique et l'étoile polaire de la morale.

La science répudie les superstitions ; mais elle respecte la religion essentielle qu'elles dérobent. Elle est un culte tacite de la puissance universelle dont la nature, la vie, la pensée sont des manifestations. Huxley considère la science et la religion, au sens le plus élevé, comme *deux sœurs jumelles qu'on ne peut séparer sans causer la mort de l'une et de l'autre. La science prospère à mesure qu'elle est religieuse et la religion fleurit à proportion de la profondeur et de la solidité scientifique de sa base.* Ni matérialiste, puisqu'elle ne connaît de la matière que ses modalités ; ni spiritualiste, puisqu'elle ne sait de l'esprit que ses manifestations, la science n'est que la recherche de la vérité.

A l'inverse des religions immobiles, qui se renferment dans des doctrines absolues et impératives, la philosophie ajoute sans cesse aux lois démontrées et aux faits constatés les vérités et les lumières qu'elle reçoit de l'expérience. La philosophie contemporaine est à celle du passé ce que la chimie actuelle est à la *science* des magiciens. Il n'en est pas moins vrai que les écrivains qui s'évertuent à bafouer les anciennes conceptions de la vie décapitent la pensée. Ils ne s'aperçoivent pas que leur propre culture est faite de principes et de mœurs qui sont l'œuvre de l'idéalisme. On ne juge pas la mentalité séculaire par des railleries et il n'appartient à personne de faire table rase des annales de la pensée et de son évolution dans la recherche de la vérité. La moralité contenue dans les dogmes éteints a survécu à leur abolition.

et tout n'est pas perdu pour l'intelligence dans les tentatives d'explication du monde. La poursuite de l'idéal a enfanté des merveilles. Si elle n'a pas trouvé la vérité qu'elle cherchait, elle a surpris des vérités imprévues. Il n'y a pas jusqu'à l'alchimie, à l'astrologie et à l'empirisme qui n'aient apporté leur contingent de révélations ; jusqu'à la poursuite du *grand œuvre*, qui n'ait excité une suite d'efforts et de travaux profitables ; à la rencontre de la spécificité élective, qui n'ait enrichi la thérapeutique de préservatifs certains ; à la recherche du paradis terrestre, qui n'ait amené la découverte de l'Amérique.

La science rationnelle s'est peu à peu dégagée des formules confuses, pour aboutir aux réalités les plus solides. On ne fera croire à personne que les aspirations de l'esprit reposent sur l'abdication de la raison. L'histoire prouve qu'en préparant l'éducation de la pensée, elles ont imprimé à la réflexion et à la moralité une impulsion qui a renouvelé la conscience. On ne songe pas que la destruction radicale des croyances ne comble nullement le vide laissé par leur extinction et que, pour un grand nombre d'intelligences, les problèmes philosophiques ne sont accessibles que par la voie dogmatique ou affective. Les principes ne peuvent se soutenir dans la conscience populaire par leur propre poids, s'ils n'ont ni sanction ni racines.

La critique fait prévaloir le besoin de comprendre sur le besoin de croire ; elle refuse aux mystères et aux miracles, qui sont des effets sans cause, une réalité extérieure ; mais elle dégage des symboles une réalité psychologique et un sentiment profond de la conscience. Les résultats immenses de l'effort spiritualiste qui a retiré l'humanité de la dépression où elle croupissait, permettent d'apprécier à sa haute valeur l'action civilisatrice des grandes œuvres morales relevant de l'institution religieuse. On se demande combien de temps la vitalité de l'espèce humaine eût résisté à l'immonde corruption dont Pétrone Juvénal, Martial et bien d'autres témoins ont retracé l'odieux tableau.

La religion, pénètre les problèmes les plus élevés de la métaphysique et de la morale.- Si ses voies s'éloignent de celles de la philosophie, les principes essentiels de la raison sont communs ; leur but est le même ; leur foi dernière est la moralisation ; et, si elles se séparent sur la

route qui conduit au bien, elles aboutissent aux
mêmes fins et ses détracteurs perdent leur temps
et leurs dédains à la dénigrer. La sensibilité et la
faculté de penser sont antérieures à la critique.
Personne ne s'avise de refuser son estime à la
raison, sous prétexte qu'avant de se préciser,
elle a traversé des alternatives d'hésitation,
d'asservissement ou de défaillance ; de mépriser
la science, parce qu'elle est née des tâtonnements
et de l'empirisme ; de vilipender les arts, à cause
de l'humilité de leurs origines.

Peu d'esprits, d'ailleurs, sont capables de
s'élever des enseignements doctrinaires à l'idéal
intellectuel. La philosophie, qui est fondée sur
l'indépendance, est individuelle ; elle n'a qu'une
autorité relative. Les religions traditionnelles
dominent les intérêts et les passions ; elles sont
toujours un facteur essentiel de toute constitution
sociale. On n'a jamais vu de sociétés constituées
par les écoles philosophiques ; les croyances ont
été le lien profond de toutes les nations qui se sont
succédé sur la scène de l'histoire. Les religions ont
été les *institutrices et les nourrices* de l'humanité;
leur vertu n'est pas épuisée. Leur forme est
temporaire ; leur substance est permanente et le

culte de l'idéal n'a rien à redouter de la science ni de la critique L'agrandissement de la science multipliera les points de contact avec l'inconnu ; elle laissera toujours intact l'éternel problème.

La religiosité est une tendance générale. Il est aussi impossible de supprimer les dispositions émotionnelles que de tarir la source de la sensibilité. *Celui, dit Renan, qui, en face de l'infini, ne se voit pas entouré de mystères et de problèmes, celui-là est un hébété. Vivre sans un système sur les choses, ce n'est pas vivre une vie d'homme.* Les déclamations des sophistes et des sous-penseurs, *esprits forts à l'intelligence faible,* n'empêcheront pas la religion d'offrir une règle de conduite, un frein et une contrainte puissante à ceux qui n'ont pas le pouvoir de s'imposer une discipline ; chez qui la sensibilité prédomine ; qui mettent le cœur au-dessus de l'entendement, et qui puisent dans leur foi une force que ne sauraient leur donner l'émancipation, ni l'indépendance. On dit que les conceptions religieuses qui ont régné sans partage tant que les lois de la nature n'ont pas été connues, sont condamnées à disparaître, submergées par la marée montante de la science. Les enseignements de l'expérience ne banniront pas la religion du cœur de l'homme, parce que la religiosité n'est pas une science, mais un sentiment et que tout ce que la science enlève de mystère aux anciennes interprétations vient s'ajouter aux nouvelles.

Que dirait-on d'un novateur qui, pour nous affranchir des préjugés, proscrirait toutes les acquisitions de l'esprit, sans les remplacer par des révélations supérieures? C'est le cas de ceux qui prétendent ruiner l'autorité des traditions et jeter à la refonte toutes les institutions du passé, sans leur substituer des réalités effectives. On transformerait brusquement les traditions en une foi utilitaire reposant sur l'entendement pur, qu'elle serait incapable d'influencer la conduite. Le progrès ne doit compter que sur le temps. C'est une œuvre de longue haleine, que de refaire l'imagination et le caractère. Il faut être aveugle pour croire à la possibilité de l'escamotage des tendances et de la substitution instantanée du rationalisme à l'ancien idéal que dix-huit siècles de pratique ont assimilé à l'organisme.

Les racines de notre vie spirituelle ne sont pas desséchées et l'humanité n'est nullement disposée à rompre violemment les liens qui la rattachent à ses origines. La vitesse de l'évolution sociale n'admet ni abréviation, ni consigne ; elle est limitée par la vitesse de l'évolution organique. C'est une grande témérité, de vouloir improviser du jour au lendemain une mentalité qui ne peut être que le résultat d'une culture séculaire. La perte prématurée du code de morale surnaturelle serait un véritable désastre.

Spencer compare la lenteur du passage des formes inférieures aux formes supérieures de la vie sociale à la lenteur de la croissance et du développement de l'enfance, qui se poursuivent par une suite de changements insensibles. *On ferait autant de mal à une société, en détruisant ses vieilles institutions, avant que les nouvelles soient assez bien organisées pour prendre leur place, qu'on en ferait à un amphibie, en amputant les branchies qui lui servent à respirer de l'eau, avant que les poumons qui lui servent à respirer de l'air soient bien développés.*

Des philosophes sans préjugés affirment que la morale ne relève d'aucune métaphysique. Ils considèrent ses préceptes comme de simples règles d'hygiène et de conservation. Ils envisagent la morale en elle-même comme la conscience de l'utilité sociale, dérivant de dispositions psychiques héréditaires. D'autres penseurs, s'appuyant sur l'autorité de l'expérience universelle, soutiennent que la morale est fondée sur le concept de l'ordre absolu et que la vision plus ou moins lucide de l'idéal du bien, du vrai et du juste est à la fois l'égide et la boussole de la morale relative. A la conception de l'ordre s'ajoute l'idée d'obligation, car l'ordre n'est pas seulement un conseil, il est une nécessité inviolable. C'est ce qui fait dire à Kant que *si la métaphysique ne marche pas devant, il n'y a pas de morale possible ;* et à Chamfort, que *la morale sans croyances, c'est la justice sans tribunaux.*

Quoique empiriques et obscurs dans la coutume, les préceptes moraux ont leur fondement et leur justification dans les principes métaphysiques ; c'est à eux qu'ils empruntent leur autorité et leur action sur le sentiment et sur la volonté.

II

On a découvert dans les bas-fonds de la nature les dernières racines de la vie et on admet que les organisations supérieures sont le produit perfectionné d'un travail de gradation s'élevant du monde physique au monde physiologique ; puis, au monde intellectuel : c'est-à-dire des affinités chimiques à la sensibilité ; de la sensibilité à l'instinct ; de l'instinct au sentiment et à l'intelligence ; le chef-d'œuvre d'une longue série d'élaborations progressives partant de la matière inorganique pour aboutir à la conscience. Les savants pensent que la dignité de la conscience ne se mesure pas à l'humilité de ses origines ; ils montrent que l'homme est le produit d'un développement naturel successif ; que l'individualité, à son plus haut degré, est une accumulation de consciences élémentaires et que l'intelligence elle-même n'est qu'une échelle d'aptitudes affectives. (A)

Un précurseur des transformistes contempo-

rains, Ennius, s'écriait, il y a vingt siècles :
Simia quàm similis turpissima bestia nobis!
Ceux d'aujourd'hui, se fondant sur l'examen des
fossiles de la faune la plus rapprochée de celle qui
peuple aujourd'hui la terre, tiennent pour certain
que l'organisation animale s'est perfectionnée à
travers les modifications ménagées qui sont les
voies progressives de la nature et ils affirment que
l'homme, dont toutes les facultés sont en germe
chez les êtres inférieurs, a parcouru une longue
série de variations, avant de parvenir à son type
transfiguré et qu'une espèce collatérale a été, par
déviation divergente, le berceau de ses premiers
parents.

Soit; l'homme a été tiré *de la côte* d'un anthro-
poïde disparu, issu lui-même d'un enchaînement
progressif d'organismes. Avec quelles espèces
partage-t-il le pouvoir de subordonner les sens à
l'esprit; d'agrandir son intelligence par la
réflexion ; de transmettre à sa descendance les progrès accomplis ? Après nous avoir montré que nous
ne sommes autre chose que de simples mécanismes
polycellulaires de la plus basse extraction et que
la dissolution de notre misérable appareil physico-
chimique nous réduit à l'état de produits gazeux

et minéraux, comment voulez-vous que nous prenions au sérieux les leçons de vos moralistes et les menaces de vos codes ? Quel cas faites-vous de la socialité et de ses commandements essentiels au maintien et à la protection de la communauté humaine ? Votre système implique tous les désordres ; il excuse toutes les violences : *on est tenté d'abuser du présent, quand on désespère de l'avenir.* Gouvernée par les mêmes lois naturelles, la société n'est qu'une copie agrandie de l'individu et ce qui est vrai de l'individu est vrai de la collectivité ; l'anarchie individuelle n'engendrera jamais la discipline sociale.

Vous répétez, après Lucrèce, que les êtres se transmettent en courant le flambeau de la vie : *quasi cursores vitaï lampada tradunt,* et que la nature, *qui redemande incessamment sa matière pour d'autres usages,* ne leur accorde que le rapide usufruit de l'existence. Vous publiez faussement que la personne humaine est une harmonie qui s'éteint avec les forces qui l'animent. Il serait plus conforme à la vérité de nous montrer que la conscience puise et retrempe sa vitalité dans la succession et que nos obligations, comme nos responsabilités, se révèlent par des faits sensibles

3

dont chacun peut constater la réalité, sans s'aventurer dans les abstractions et les hypothèses. L'esprit ne périt pas, il s'incruste dans l'organisme, s'intègre et s'assimile à la conscience, en créant des habitudes et en s'individualisant de nouveau par l'hérédité et la renaissance. L'être intelligent ne meurt pas tout entier; l'individu est une condensation de la culture humaine ; *le présent, engendré du passé, est gros de l'avenir*. Ce serait nier la lumière, que de contester la solidarité humaine et la continuité historique.

Ainsi que la biologie atteste la persistance de la forme, à travers la rénovation continuelle de la substance, l'histoire témoigne de la conservation et de la permanence de la mentalité. Hæckel montre que les langues éteintes, qui revivent dans leurs dérivées, comme les aïeules se continuent dans leurs filles, ont une forme ancestrale commune où la linguistique, découvre les racines constitutives du langage. Renan considère la philologie, qui fournit les matériaux de l'histoire humaine, comme la science exacte des choses de l'esprit. Pour lui, la genèse des grammaires est la genèse de la pensée. On ne peut penser sans mots ; le langage et l'écriture sont des symbolis-

mes qui associent un signe à un objet. On se
représente tout ce qu'on pense. Penser, c'est
parler bas. Les littératures, les chroniques, les
traités de philosophie, de morale, qui sont les
archives de la pensée, contiennent la révélation
de ce fait que l'esprit est un et que l'homme
actuel est le fils de l'homme ancien. Erasme
ressuscite, dans son livre des *Adages*, les mœurs,
l'esprit, l'imagination des ancêtres ; il recueille
les maximes de la sagesse antique et les proverbes
du bon sens populaire. Toutes les langues, toutes
les sociétés se sont approprié ces vérités vivaces,
tirées de l'observation et de l'expérience, qui
n'ont pas cessé de s'adapter aux conditions de
l'existence individuelle et collective et de recevoir
une application constante et universelle.

Notre état physiologique, nos inclinations, nos
aptitudes nous survivent, comme la ressemblance
des physionomies, des tempéraments et des
caractères. L'organisme contient à la fois l'essence
du passé et l'ébauche de l'avenir. L'histoire, qui
enregistre les défaillances et les relèvements de
l'esprit, rattache sa genèse à de longues séries
d'influences et de traditions lointaines, de travaux
et d'efforts accumulés par des milliers de généra-

tions. Tout développement sort d'un précédent ; toute idée est entée sur une tige ancienne. Les génies eux-mêmes ne sont que des éclaireurs dirigés par des tendances et des impulsions latentes ; *les rédacteurs des inspirations de la foule,* dit Renan ; ils ne font autre chose que d'évoquer les vérités ensevelies dans les limbes d'une conception générale et de concentrer dans leurs œuvres, la mentalité flottante de leur époque.

Les anciens observateurs reconnaissaient la préexistence des dispositions fondamentales de notre développement physique et intellectuel. Ils savaient que le germe humain possède virtuellement les propriétés psychiques et les particularités héréditaires qui caractérisent l'âme individuelle ; que cet atôme de matière sert de véhicule à des prédispositions de toute sorte plus ou moins prochaines et que la manière d'être de chacun est le résultat du concours et de la combinaison d'antécédents multiples et d'une assimilation de qualités acquises à l'aide des aptitudes préparées par la série des ancêtres. L'individu renaît sans cesse de ses cendres : *Nascentes morimur finisque ab origine pendet.*

L'expérience montre toujours que la vie éternelle embrasse le passé, le présent et l'avenir et que l'atôme de substance informe qui deviendra un être humain contient des activités originelles de tout ordre. *Quel monstre est-ce que cette goutte de semence de quoy nous sommes produicts porte en soy, non les impressions de la forme corporelle seulement ; mais les inclinations et les pensements de nos pères ! Cette goutte d'eau, où loge-elle ce nombre infiny de formes ? Et comme portent-elles ces ressemblances d'un progrez si téméraire et si desreiglé, que l'arrière-fils respondra à son bisayeul, le nepveu à l'oncle ?*

L'hérédité physiologique est incontestable ; l'hérédité psychique est manifeste. Nous rencontrons à chaque pas des preuves d'adhérence entre les générations et des faits de transmission intéressant la constitution mentale. *Mourir c'est achever de naître,* dit Cyrano de Bergerac. Si la culture de l'intelligence a des avantages immédiats, ceux qui nous suivent *et nati natorum et qui nascentur ab illis* y trouveront un précieux héritage.

L'hérédité de la structure externe est d'observation vulgaire. On voit chaque jour des enfants qui sont le *portrait vivant* de leurs auteurs. Les surnoms communs tirés des empreintes congénitales d'un grand nombre de personnages historiques nous sont familiers. En dehors de l'antiquité, qui offre de nombreux exemples de survivance des particularités anatomiques, le nez des Bourbons, la lèvre des Hapsbourg, le menton des Napoléon sont légendaires.

La conformation interne, les anomalies et les caractères particuliers de l'organisation sont également transmissibles. Les uns ont une tendance à contracter certaines maladies; d'autres jouissent d'une sorte d'immunité à l'égard des contagions. Qui n'a sous les yeux ou dans la mémoire des exemples de prédisposition ou de résistance à l'action pathologique et de manifestations du concours secret des lois physiques ayant déterminé des similitudes organiques dans la descendance? Les exemples de succession et de continuité des modes affectifs et de leurs variétés spécifiques: passion de boire, de jouer, d'amasser;

lubricité, sensibilité maladive, aversions et terreurs transmises, sont si communs, qu'il est impossible de ne pas considérer l'hérédité organique comme une loi constante. La longévité elle-même, qui dépend de l'énergie de la vitalité, est si généralement regardée comme un héritage, que les compagnies d'assurances sur la vie ne manquent jamais de s'enquérir de sa durée chez les ascendants de leur clientèle.

L'étude de la modalité psychologique apporte enfin son contingent de faits probants en faveur de l'hérédité. Les grands esprits de l'antiquité n'ont pas improvisé la raison supérieure ; ils ont des devanciers ; ils sont le produit de leur milieu social ; ils ont reçu des aïeux le caractère, la culture, les aspirations qui les distinguent. Il y a un atavisme intellectuel, comme il y a un atavisme physique et, de même que la biologie démontre notre descendance animale, les faits et l'histoire proclament notre filiation psychologique.

La floraison de l'intelligence, qui a illustré les siècles fameux de Périclès, d'Auguste, de François Ier, de Louis XIV, et tant contribué à enrichir le domaine de la pensée, n'a fait que capitaliser des acquisitions antérieures. On a conservé le souvenir d'une foule d'individualités puissantes, dont le mode d'action a exercé sur la trempe de leur lignée une influence caractéristique. Plusieurs auteurs ont donné une nomenclature étendue des familles qui se sont signalées par des qualités supérieures ou des vices profonds. L'hérédité du type est précisée chez de nombreuses célébrités historiques telles que les Valois, les Borgia, les Médicis, les Stuart, les Guise, les Condé, etc., dont la renommée d'incapacité, de dépravation, de violence, de générosité, d'orgueil, de petitesse, de vaillance est présente à toutes les mémoires. Saint-Simon dit que Louis XIV était d'une voracité extraordinaire et que tous ses enfants étaient grands mangeurs. Plus près de nous, n'est-il pas curieux d'entendre un de Broglie s'excuser de son caractère difficile, en disant : *Ce doit être un défaut héréditaire, car le roi Louis Philippe adressait déjà le même reproche à mon père et le roi Louis XV, à mon bisaïeul.* On n'a qu'à choisir parmi les exemples de penchants physiques et de passions complexes de tout ordre transmis héréditairement.

Ribot, examinant la généalogie de quatre-vingt-douze poètes et peintres illustres, en a trouvé quarante-six issus de parents renommés, ou d'artistes célèbres. Fétis compte cinquante-sept musiciens éminents dans la famille de Bach. Les Herschell, les Darwin, les Coypel, les Vanloo, les Vélasquez, les Vernet, les de Jussieu, les Geoffroy-Saint-Hilaire, les Thierry, etc., etc., se répètent dans leurs descendants.

Si nous interrogeons notre propre expérience, nous voyons l'hérédité prendre une forme palpable dans la détermination des individualités. Les chers êtres qui nous ont initiés à l'existence ne continuent-ils pas à nous habiter et à nous pénétrer de leurs inspirations ? Leur sillage est la voie propice et salutaire ; leurs conseils et leurs exemples sont la loi de bien des consciences et ceux qui gardent pieusement l'attache de leurs traditions vénérées sentent l'entraînement intime qu'elles exercent sur nos sentiments, nos pensées, nos déterminations et nos actes.

Certaines facultés dominent dans des familles entières, comme un apanage ou un fief de la maison. Il y a des races de savants, d'écrivains, d'hommes d'épée, d'artistes, de politiques. *Lors-*

que les, *pères ont mangé des raisins verts, les dents des enfants sont agacées.* Des individualités rebelles font souche de réfractaires. Les ivrognes, les débauchés, les malfaiteurs ont le plus souvent *de qui tenir* et les familles sont nombreuses, où les prédispositions mentales, motrices, passionnelles, se léguant de génération en génération, même sans contact de leurs membres, amènent des manifestations héréditaires caractérisées chez des enfants qui ne connaissent pas les parents dont ils les tiennent. *Bon chien chasse de race.* Il est des familles où le suicide est traditionnel et automatique et dont les membres choisissent le même genre de mort, au même âge, par les mêmes procédés. On en rencontre où certaines habiletés, certains talents constituent une sorte de monopole. L'antiquité connaissait des dynasties d'athlètes, les lutteurs sont une espèce à part chez les Anglais : la cupidité, l'impatience de toute discipline sont inhérentes à certaines castes ; etc.

Les faits d'hérédité anatomique, physiologique, intellectuelle, morbide, immédiate, collatérale, oblique ou directe, naturelle ou instituée abondent dans tous les temps et dans tous les lieux ; partout on retrouve la preuve de la réversion

atavique dans les facultés, les caractères, les
sentiments et les passions. Pourquoi consultons-
nous les précédents et l'ascendance de nos semblables ; pourquoi le légiste se livre-t-il à l'étude
de la criminalité dans ses origines et dans ses
causes, si ce n'est parce que l'expérience nous a
révélé l'innéité, l'enchaînement des lois constitutives de la reproduction et leur action sur la
psychologie individuelle ?

L'impressionnabilité de l'organisme fixe dans les
masses, comme dans les individus, les modifications et les particularités acquises et perpétue
l'accoutumance et l'empire des habitudes. La
psychologie ethnographique est encore à l'état de
projet ; mais l'histoire et l'observation suppléent
à son insuffisance ; elles nous offrent des révélations caractéristiques et des documents précieux
sur les tendances séculaires des nationalités.
L'âme d'une nation est la somme de sa vie dans
le cours des âges. On a toujours été frappé du
rôle de l'hérédité dans le caractère des peuples,
si variable sous le vernis uniforme de la culture ;
de la constance et de la ténacité du tempérament

national. Les caractères de l'hérédité demeurent lisibles dans les traits indélébiles de la plupart des groupes sociaux ; les siècles, les invasions, les migrations, les guerres, l'échange du sang, le commerce, la colonisation, qui établissent entre les hommes un contact étroit, n'ont pas effacé la distinction des races. Il n'est pas jusqu'aux populations d'un même empire, qui ne se distinguent entre elles par des caractères particuliers ineffaçables. La pénétration et le croisement des nationalités ressemblent aux combinaisons chimiques, où la fusion n'exclut pas l'originalité des éléments.

Un contemporain de Montaigne apprécie en ces termes *la fermeté aux dangiers* des Français et de leurs voisins : *la subtilité des Italiens et la vivacité de leurs conceptions estoyent si grandes, qu'ils prévoyoient les dangiers et accidents qui leur pouvoyent advenir ; et de si loing, qu'il ne falloit pas treuver estrange si on les voyoit souvent à la guerre pourvoir à leur seurté, avant que d'avoir recognéu le péril. Nous et les Espaignols, qui n'estions pas si fins, allions plus oultre et il nous falloit faire veoir à l'œil et toucher à la main le dangier, avant que de nous en effrayer. Mais les*

Allemands et les Souysses, grands yvrongnes, plus grossiers et plus lourds, n'avoyent que le sens de se raviser, à peine lors même qu'ils estoyent accablez soubs les coups.

Personne n'hésiterait à transporter dans l'actualité ces remarques sur la bravoure, la fougue et la pesanteur des armées contemporaines.

Strabon, Diodore, César ont mis en relief les traits du caractère national des Français et des Allemands. Les Français et les Allemands d'aujourd'hui sont bien les fils des Gaulois et des Germains dont ils décrivent les mœurs et les usages. Les premiers ont une intelligence vive : *ingenio acuti ;* leurs discours sont prolixes : *in colloquiis obscuri ;* ils sont inconstants : *in consiliis capiendis mobiles ;* novateurs : *novis rebus student ;* crédules : *rumoribus permoti ;* passionnés et démonstratifs : *minaces et tragici exaggeratores.* Les Orientaux, qui ont le geste et le ton modérés, s'étonnent des mouvements expressifs dont nous soulignons nos discours ; sobres de signes idéographiques, ils disent que si les Français n'avaient pas de mains, ils ne pourraient parler. Tite-Live signale nos alternatives d'enthousiasme facile et de découragement soudain.

Les autres, moins éloignés de la barbarie, vivaient encore à l'état sauvage, alors que les Gaulois avaient leurs bardes, leurs poètes et leurs philosophes. On les voit appliquer la torture plus d'un siècle après son abolition en France. Toute la vie de l'Allemand se passe dans la pratique du militarisme à outrance : *vita omnis in studio rei militaris consistit.* Voué aux intrigues tortueuses, à la duplicité, au culte des arts destructifs, aux appétits sensuels, il est resté fidèle à son antique réputation d'ANIMOSITÉ, d'AVIDITÉ et d'INTEMPÉRANCE :

d'ANIMOSITÉ : l'expérience populaire inflige le nom de *querelles d'Allemand* aux susceptibilités de commande et aux provocations de parti-pris dont nous avons vu plus d'un exemple ;

d'AVIDITÉ : *latrocinia nullam habent infamiam ; maxima laus est expulsos agris finitimos cedere.* Comme si les annexions brutales étaient capables d'effacer la notion de patrie. Elles la rendent, au contraire plus profonde et plus vivace chez ceux qui, comme les Français, sont unis par la conformité des idées, les tendances libérales, l'attachement passionné aux institutions, le sentiment d'un destin collectif, la haine de l'oppression et de l'iniquité. C'est en vain que la sagesse considère la justice et la charité comme le fondement de la sociabilité et la pierre d'angle de la morale. Un prétendu grand ministre, qui n'est, en réalité, qu'un être inférieur, a écrasé les peuples d'inquiétudes et de charges stériles; étranger aux inspirations humanitaires, il s'est ingénié à fomenter la haine et l'envie en fermentation dans la conscience germanique; s'évertuant, aux acclamations de ses congénères, à sacrifier à la violence, qui est le propre de la barbarie, la charité et la justice, qui sont les vertus cardinales de la civilisation. Ledit grand ministre, n'a pas compris que les œuvres fondées sur la bassesse et la violence engendrent et perpétuent les revendications, les ruines et les massacres, et qu'à notre époque, les principes émancipateurs priment la férocité et l'esprit de conquête. *Méditez, dit un éminent critique, ses discours, où l'histoire est artificieusement travestie et où règne un froid mépris de l'homme, la haine de toute opinion libérale, l'insolence de la force heureuse; considérez les tourments, la détresse et les misères de l'Europe; voilà l'œuvre du soi-disant grand politique!* Si la brutalité a pu être autrefois un instrument de sélection, en ce sens que la guerre et la conquête ont provoqué le contact des peuples et réalisé l'unité de la société humaine, la civilisation actuelle, affranchie des instincts farouches et des impulsions animales, repose sur l'intelligence et la raison ; elle n'est plus à la merci d'une ambition sauvage. Ceux qui cherchent à ressusciter les mœurs de la barbarie et le brigandage international sont des fléaux de l'humanité.

Mirabeau écrivait que, pour les Allemands, la guerre est une industrie. Ils avouent eux-mêmes qu'elle est leur moyen de battre monnaie. Un de leurs chefs militaires, faisant le récit des guerres de notre époque, n'a-t-il pas l'audace de proclamer que l'armée doit être un instrument de spéculation ! *L'armée doit être une institution lucrative ! Les sommes considérables qu'elle a gagnées !! prouvent qu'elle n'est pas improductive, comme on le lui reproche souvent dans les leçons d'économie politique !!!* Les Teutons d'autrefois se ruaient sur les pays voisins pour s'emparer de leurs richesses. Dans quelle mesure les Teutons d'aujourd'hui ont-ils modéré les instincts d'envie et de rapacité de leur espèce ?

d'INTEMPÉRANCE ; Montaigne demandait à un

seigneur *combien de fois il s'était enyvré pour la nécessité des affaires du roy en Allemaigne. J'en sçay, dit-il, qui à faulte de cette faculté, se sont meis en grande peine, ayants à practiquer cette nation.* On sait à quoi s'en tenir sur la sobriété de l'Allemand de nos jours. A voir l'intensité de ses appétits, on se demande si l'ancien idéal d'orgies du paradis d'Odin n'a pas gravé son empreinte dans la complexion de la race.

L'Anglais égoïste, orgueilleux et perfide ; le bohémien pillard et vagabond ; le juif cosmopolite, charitable, industrieux et prévoyant ; le chinois subtil et astucieux ; le Mahométan contemplatif sont des exemples saisissants de la conservation héréditaire des habitudes ancestrales.

Nature et culture, dit l'ethnologue, Hildebrandt, ont fait du Français l'être le plus achevé que l'humanité connaisse. Il possède toutes les qualités qui rendent la vie élégante et facile : tempérament vif ; intelligence claire et lucide ; instinct prononcé de sociabilité ; large tolérance pour les idées et pour les personnes ; égoisme tempéré ; facilité de relations également éloignée de la

raideur britannique,. de la morgue et du lourd
pédantisme tudesque, de l'obséquiosité italienne,
de la rudesse américaine.

Michelet considère l'Angleterre comme un
empire ; l'Allemagne comme une race ; la France
comme une personne. On outragerait l'histoire,
en refusant à la conscience française le sentiment
humain, la générosité et le libéralisme.

Les individus, les familles, les peuples sont la
résultante et l'expression des générations qui les
forment. Il est donc absolument faux de prétendre
que rien ne survit à la disparition de la personnalité. Ceux même qui sont privés de toute foi
philosophique ne peuvent nier que l'être intelligent
n'ait une fonction à remplir et un avenir à préparer.

III

Nul n'ignore que nous exerçons une action personnelle sur notre éducation et que le développement des phénomènes intimes dont nous sommes le siège est soumis à notre juridiction. De là découle une hygiène psychologique dont on peut rappeler les traits élémentaires, pour marquer des têtes de chapitre, en attendant que les maîtres jugent à propos de vulgariser ses enseignements et de propager ses leçons. Bien des auteurs ont traité, sous une forme et dans une langue plus ou moins hermétiques de l'ordonnance de la vie, les modificateurs moraux propres à l'homme et de l'influence de l'idéation sur sa conduite. Aucun d'eux, ne paraît avoir songé que de tels ouvrages ne s'adressent qu'à certaines catégories d'intelligences et ne répondent nullement aux besoins de l'éducation populaire.

Cependant, l'urgence d'une réaction des esprits s'impose à l'attention des penseurs. S'il est vrai, comme on l'entend dire, que l'homme diminue à

vue d'œil dans sa propre estime, il faut le relever,
lui inspirer le respect de sa personne et le soutenir
au-dessus du courant boueux des passions inférieures. Quelque dégradé qu'on le suppose, il a
conservé le sens intime de la vérité et la lueur
des notions essentielles. Fruit des labeurs continus de toute l'espèce, expression d'instincts
sociaux perfectionnés par la pratique de la vie et
de l'éducation communes, les conceptions générales
ont le caractère de l'universalité. Il a toujours été
vrai et tout le monde admet encore que la probité
est une vertu sociale ; qu'il faut se respecter
soi-même ; chercher à s'améliorer ; etc. Ces
vérités premières orientent tous nos jugements et
sont la pierre de touche de tous nos actes. Elles
sont comme un muscle profond au moyen duquel
nous soulevons d'autres vérités pratiques. L'influence des passions et des milieux peut faire
dévier parfois leur application aux évènements ;
le domaine des notions primordiales reste, malgré
les défaillances, malgré les désertions, le rendez-
vous et le patrimoine de toutes les consciences,
la base inébranlable de la morale sociale et
individuelle. Qu'elle se rattache à l'intuition, aux
préceptes religieux, aux systèmes utilitaires, la

notion du devoir est tellement inhérente à la conscience, qu'on ne peut s'y soustraire sans soulever ses protestations. L'immoralité dissimule et se déguise ; l'hypocrisie, cette feuille de vigne de la malfaisance, est par elle-même une flétrissure du vice et un hommage rendu à la droiture et à l'honneur.

La genèse de l'esprit suit une marche progressive dont il nous appartient de fonder l'harmonie et de régler le titre. Rudimentaire et indécise au commencement de la vie, elle traverse une série de chrysalides et une succession de tâtonnements correspondant aux phases de l'épanouissement organique. L'expérience par les sens est caractérisée par des modifications affectives qui sont les matériaux de la mémoire. Toutes nos opérations mentales, tous nos états de conscience reposent sur la fusion et l'association des idées représentatives de ces modifications. De la retentivité, de l'intégration plus ou moins saine et compréhensive des idées dépendront le jugement, la cohésion des pensées, du langage et des actes, la sûreté et le mérite des déterminations.

. Mais les impressions du dehors ne se gravent pas spontanément dans le cerveau. Il faut que la conscience se les approprie et les sublime, en quelque sorte, pour constituer les réserves de la mémoire, où l'esprit viendra puiser les éléments de son action, comme l'aimant découvre les particules de fer dispersées dans un mélange. De même que l'aimant n'exerce son attraction que sur quelques métaux, le rappel et la liaison des idées ne s'effectuent que suivant les voies normales de leur association. Combien de fois n'a-t-on pas répété que les idées représentatives se groupent suivant leurs analogies et que l'enchaînement des idées est au jeu de l'intelligence ce que l'affinité est aux combinaisons chimiques. L'association spontanée des idées persiste jusque dans le rêve, où l'activité de l'esprit, échappant à l'action directrice de la volonté, engendre une cérébration souvent déraisonnable, mais non arbitraire, puisqu'elle s'exerce toujours sur une série de réviviscences reliées entre elles par des connexions plus ou moins directes avec les impressions de l'état de veille. *Les songes sont loyaulx interprètes de nos inclinations et de nos tendances.*

On se rend compte du mode d'acquisition et d'ajustement des idées, en songeant que l'intelligence est la collection des faits de conscience et que ses éléments : sensibilité, imagination, mémoire, loin de se scinder ou de se décomposer en mouvements indépendants, forment un ensemble indivis de ressorts convergents et solidaires, dont le concours et l'action mutuelle constituent l'esprit lui-même. Il n'y a pas de fragmentation dans notre organisation psychique ; le principe de succession et de connexité qui relie les diverses facultés ne permet pas de les isoler. Quand je suis excité à me souvenir, à l'occasion d'impressions déjà éprouvées, les mêmes cellules cérébrales qui se sont érigées pour les capturer entrent en vibration et suscitent de proche en proche et par voie d'élection toute la série des images semblables ou voisines successivement acquises et dans l'ordre où l'expérience les a placées.

L'ordre d'acquisition est réellement celui de la réviviscence des idées. La difficulté de les évoquer inversement a été justement comparée à celle qu'on éprouverait, de faire entrer dans la mémoire

les propos incohérents et sans liaison d'un aliéné
dément. On peut encore s'en convaincre par la
marche de l'amnésie, cette déchéance de la
mémoire, qui procède par l'extinction régressive
des souvenirs, d'après l'ordre chronologique de
l'enregistrement des connaissances. Ce travail de
dissolution, dont la cause anatomique est l'atrophie
progressive du cerveau, commence par les impressions récentes, avant de s'étendre aux acquisitions
antérieures. Les cellules nerveuses sont devenues
incapables de retenir les incitations nouvelles,
tandis que la mémoire du passé, consolidée et
devenue organique par la répétition, résiste
davantage à la décadence physiologique. Les sens
s'émoussent ; la sensibilité s'obscurcit ; l'attention
et la conscience périclitent, sous l'influence de
l'épuisement fonctionnel. On conçoit que les
impressions dépourvues d'intensité s'effacent plus
rapidement que les perceptions assimilées par la
personnalité jouissant de toute son énergie.

Dans sa *Physiologie de l'esprit*, Paulhan,
examinant l'organisation mentale au point de vue
statique et dynamique, expose les origines, les
réactions et les influences réciproques des phénomènes et la corrélation de l'activité de l'esprit et

du fonctionnement cérébral, base organique des faits intellectuels. Il s'appuie sur l'observation interne et snr les documents fournis par l'anatomie mentale, pour étudier l'intelligence et les lois qui la régissent.

Sergi, dans sa *Psychologie physiologique*, observe les sens comme source immédiate de la connaissance.

Dans *l'Ame de l'Enfant*, Preyer dresse le procès-verbal journalier de la genèse de l'intelligence. Il établit, par des preuves aussi abondantes que décisives, que l'activité, progressant à mesure que les sens se fortifient, leur énergie fonctionnelle se développe par la répétition des impressions extérieures. L'âme ne s'introduit pas dans le fœtus à la manière du démon dans le corps des possédés ; elle est le produit du développement progressif du cerveau.

Ribot se représente l'esprit comme une tapisserie où la trame a disparu sous d'épaisses broderies, et qu'il faut regarder en dessous, pour reconnaître l'apport de l'expérience.

Taine le compare à un assemblage de rotifères inertes et desséchés qui, tout d'un coup saupoudrés d'eau, recommencent à vivre et à fourmiller.

Luys donne des aperçus du plus grand intérêt sur le cheminement intrà-cérébral, la phosphorescence organique (B) et la localisation (C) des impressions du monde extérieur. Il montre que les éléments nerveux, comme les corps qui ont reçu les vibrations (D) de la lumière, conservent la trace matérielle, le souvenir des incitations et que l'action de l'intelligence repose sur la combinaison d'impressions idéelles matérialisées, qui sont les corps simples, la substance même de l'esprit.

D'intéressantes remarques prouvent que les impressions extérieures sont la matière première de la vie mentale et mettent en évidence le rôle de l'association des données sensibles dans l'économie psychologique : l'aveugle qui a joui de la vue a conservé le souvenir de la lumière et possède des impressions visuelles, tandis que l'imagination de l'aveugle-né, n'ayant rien reçu de la vision, emprunte son activité tout entière à l'ouïe et au toucher. Le sourd de naissance est également incapable de s'approprier des sensations auditives et ses notions dérivent de l'expérience restreinte des autres sens. Leurs rêves eux-mêmes relèvent de la mémoire physiologique ; les rêves n'étant d'ailleurs que la persistance vibratoire des éléments nerveux précédemment stimulés et l'évocation automatique d'impressions reçues et de réserves acquises.

Ainsi, l'esprit n'est que la somme des impressions et des idées. Toute idée est une image; toute image est le rappel d'une sensation. Il n'y a pas de pensée sans impression consciente, témoin l'éclipse de la personnalité dans l'arrêt de la vie des sens, comme l'évanouissement; la suppression temporaire de toute activité cérébrale, par suite de blessures, de commotions, de catalepsie, etc. On ne peut concevoir une image, une idée, un objet dont les éléments fussent étrangers aux perceptions et sans relation avec le dehors sensible. Dépouiller une représentation quelconque, abstraite ou concrète, de ses éléments, c'est imaginer une pensée vide et sans objet. Supprimez les sens, il ne reste plus de signes révélateurs du monde extérieur. Nos représentations, comme le dit Wundt, sont toutes entachées des attributs de la sensibilité. Toutes nos pensées sont accompagnées d'équivalents de la sensation.

Une représentation ne devient objective qu'à la condition de s'appuyer sur des impressions sensorielles réveillées et le cerveau, non stimulé, resterait aussi inactif que l'organe de la vue, isolé des influences de la lumière. *Nihil est in intellectu quod non fuerit priùs in sensu.*

L'expérimentation introduite en psychologie confirme la vérité de cette remarque antique et d'une application courante. La suggestion par le sens musculaire éveille dans l'esprit du sujet hypnotisé, c'est-à-dire en état d'inertie mentale, des phénomènes d'idéation qui ne sont autre chose que le produit de la sensation; qui prouvent que l'idée se résout en image et que l'image elle-même, dérivant d'impressions sensorielles, suscite des modifications dynamiques.

La pensée est donc le réfléchissement de l'image de quelque chose ; le résultat d'influences exercées sur l'appareil sensitif par le milieu, la combinaison des produits de cette rencontre et la traduction de ses effets. Les impressions et le travail cérébral qui en résulte sont les facteurs essentiels de nos connaissances et notre personnalité est l'expression des notions élaborées et fécondées par notre initiative.

Tels étant la loi de la mécanique nerveuse et le régime de la mémoire, on comprend que l'annexion des impressions éventuelles aux notions acquises, reliant le présent au passé des idées, éclaire ou obscurcisse la marche du travail mental, selon la lucidité des éléments qui président à sa mise en œuvre. Les traces des sensations incorporées à la trame nerveuse sont une figuration des choses, des matrices, des moules d'idées, des jugements latents qui contiennent le germe de nos raisonnements. L'esprit ne tire pas son action du néant et les idées sans passé sont des idées sans avenir ; il ne fait que se souvenir, travailler sur des assimilations, des attractions, et rallier des provisions représentatives de faits anciens, pour former, des acquisitions réalisées et des impressions nouvelles, des alliages d'un nouveau titre. Le progrès des connaissances consiste à mettre les idées en harmonie avec les choses. L'intelligence révise bien des fois les idées, avant d'arriver à une correspondance exacte avec les faits.

Puisque la vie psychique se nourrit d'itérations

multipliées et qu'elle est, comme la vie physique, une assimilation continuelle, il importe de surveiller l'organisation des résidus sensoriels et de diriger l'intégration des idées, afin de les conformer, dès l'origine, à la réalité des choses. La faiblesse et les désordres de l'esprit proviennent des représentations fausses ou des images infidèles de cette réalité. Si les impressions premières sont conformes à la vérité, il en sera de même des idées consécutives. La solidité et le mérite des acquisitions se mesurent donc à la valeur et à l'intensité de l'action personnelle. L'attention est la probité de la pensée. L'opticien qui veut isoler un rayon lumineux s'empresse d'intercepter la lumière diffuse. Le premier soin d'un esprit attentif est d'écarter de l'impression principale les impressions ambiantes qui troublent sa précision. L'éducation volontaire, la réflexion, la concentration de la conscience sont des produits du dressage. *Ce ne sont, pas, dit Spencer, les connaissances amassées dans le cerveau, comme la graisse dans le corps, qui sont de grande valeur; ce sont les connaissances converties en muscles de l'esprit.*

Ces aperçus montrent l'utilité du groupement méthodique des idées ; ils mettent en·évidence les avantages de l'ordonnance des procédés' d'acquisition. Il importe donc de régler le développement de l'organisation mentale, puisque l'avenir de l'intelligence dépend de la rectitude de l'imagination et de la mémoire, qui renferment la source de nos tendances et le ressort de nos mouvements.

Au contraire, la subjectivité des régions émotives, la passiveté est un état de nous-mêmes où la multiplicité et l'incohérence des impressions entassent dans l'esprit un fouillis d'images frustes et d'idées confuses, qui émoussent et absorbent l'activité cérébrale; en sorte que les incitations avortent avant de pénétrer jusqu'aux moteurs de la personnalité consciente. Il suffit de s'observer avec quelque attention pour constater que les impressions survenant dans la préoccupation, la distraction, restent sourdes, obtuses, vagues, sans contours précis, alors que celles où règne

notre action propre deviennent représentatives.
Cette disposition de la rêverie est le partage des
esprits inconsistants qui se laissent aller à la
dérive et qui effleurent les idées sans entrer dans
leur intimité. Elle est analogue à celle du rêve,
cérébration automatique et stérile, où les vibrations nerveuses, livrées à leur évolution propre,
engendrent une succession de mouvements déré-
glés. Quand l'homme qui s'éveille *relève le rideau
de l'œil*, la lumière afflue à travers les portes
ouvertes de l'esprit ; la pensée se ressaisit et se
précise, en se retrempant dans la réalité. Celui
qui ne sort de l'engourdissement du sommeil que
pour rester passif et assoupi se livre à la merci
des influences du dehors et renonce à son
autonomie.

Spinosa flétrit du nom d'esclavage l'incapacité
de modérer et de surveiller l'élément affectif et
émotionnel. Van Helmont disait que la folie est
le rêve de l'homme éveillé. Baillarger voit dans
l'automatisme de l'esprit le point de départ de
tous les délires. Mécanisme spontané, simple
spectateur de lui-même, l'homme a perdu le
pouvoir de fixer son attention et de suspendre
l'invasion des idées collatérales ; en un mot, de

gouverner l'imagination et de réagir contre l'évolution automatique du cerveau.

C'est qu'en dehors de la personne qui veut et qui agit, et dont l'activité volontaire est localisée dans l'écorce grise des circonvolutions cérébrales, un pouvoir spontané réside dans la protubérance, le bulbe, la moëlle, les ganglions cérébraux. Si, dans les conditions ordinaires, les centres nerveux modèrent les actions nerveuses et en règlent l'intensité, dans l'inertie psychique particulière à la subjectivité, la volonté est dominée par l'action réflexe et les ébranlements des nerfs sensitifs, communiqués au système cérébro-spinal, se réfléchissent mécaniquement sur les nerfs moteurs. L'exagération des réflexes accompagne toujours la diminution de l'activité raisonnable.

Chacun a été témoin des manifestations produites chez les sujets hypnotisés et de l'influence de ces mouvements sur l'association des sentiments et des idées. A l'état de veille, nos sensations musculaires provoquent également des modifications de la motilité et de la sensibilité et déterminent des impulsions; mais la conscience les juge et les modère, tandis que le somnambule, isolé de l'extérieur et comme exproprié de lui-même, subit les suggestions sans résistance. Il n'y a, en réalité, qu'une différence de degré entre l'état psychique du sommeil nerveux et la réceptivité machinale des personnes incapables de réagir contre l'action du dehors. (E)

On sait combien l'abus de l'imagination, chez les individus passifs ou prisonniers de leurs passions, fausse les réalités et domine l'intelligence, au point de l'asservir à l'influence prépondérante de l'association des idées sur les sentiments et sur la volonté. C'est le suicide de la raison. La débilité et l'indigence de l'esprit dérivent de cette anarchie intellectuelle. Chez ceux qui délibèrent leurs impressions, la concentration de la pensée est, au contraire, l'indice d'une intelligence vigoureuse. Affranchis de toute domination par la possession personnelle, ils repoussent les aberrations pouvant faire obstacle à la clarté de l'entendement et à l'exercice normal de l'esprit. Ordonnées et cohérentes, si la personnalité est intervenue dans l'assimilation des phénomènes dont elles sont l'image, les idées sont obscures et décousues, quand leur évolution est abandonnée à l'activité automatique des cellules cérébrales.

La pédagogie fait son profit de ces remarques. Partant du principe que l'initiation contient la tonalité de notre valeur future, l'instituteur éclairé surveille l'éclosion des facultés réceptives, l'adaptation régulière de la conscience aux impressions et la coordination des idées d'après les rapports essentiels : *Vis animi crescit cum corpore toto.* Il est plus facile de diriger les jeunes plants que de redresser les vieux arbres et d'implanter les idées vraies que d'extirper les fausses. L'enfant ne conçoit et ne comprend que par les exemples sensibles ; esprit flottant et de courte portée ; ignorant les effets lointains ; ne saisissant que les événements immédiats, toute son activité intellectuelle se concentre dans l'imagination ; et les leçons qu'il reçoit par l'expérience des sens constituent les assises de son entendement.

L'acoustique représente le timbre musical comme la résultante de sonorités secondaires. On peut considérer la direction native de l'esprit comme sa tonalité fondamentale ; ses tendances ultérieures, comme les harmoniques de la pensée.

Les pensées, les sentiments et les actions laissent

*derrière eux, dit Maudsley, des résidus qui
s'organisent dans les centres nerveux et en modifient assez le développement, pour changer
l'ajustement des rapports entre l'organisme et le
milieu et constituer une nature acquise qui fera
que tout ce que nous pensons, sentons et faisons
déterminera d'avance en grande partie ce que
nous sentirons, penserons et ferons.*

Chacun connaît *l'estroite cousture de l'esprit
et du corps s'entre-communiquants leurs fortunes*
et l'influence réciproque des états affectifs, de
la pensée et des mouvements végétatifs. Le système
nerveux interne et le réseau cérébro-spinal,
quoique distincts par leurs attributions, se relient
par des filets d'union, pour se distribuer aux
viscères. Le cœur, l'estomac et leurs systèmes
fraternisent avec le cerveau par les ramifications
ganglionnaires et l'innervation vaso-motrice. Pour
ne parler que des effets extérieurs de cette solidarité, tout le monde sait que chacune de nos
pensées se traduit par une attitude corrélative;
que la physionomie et les muscles d'expression
réfléchissent constamment les fluctuations de la

sensibilité. La juxta-position des nerfs moteurs et sensitifs, qui relient au cerveau toutes les parties du corps et enlacent tous les tissus dans une trame inextricable, explique les ébranlements des organes, sous le choc des impressions, des idées et des passions. La constriction et le relâchement de l'appareil vasculaire, déterminés par l'émotion, le chagrin, la terreur, augmentent la sécrétion des larmes, enlèvent l'appétit, affectent la perspiration cutanée, troublent la digestion, etc. La salivation provoquée par une idée gustative, qui *fait venir l'eau à la bouche;* la réviviscence de certaines sensations olfactives, satellites des impressions du goût, qui prédisposent à la nausée ; la révolte de l'estomac, sous l'impression du dégoût ; l'afflux sanguin dans les capillaires de la face, causé par la honte ou la surprise ; l'agitation de la fureur ; les contractions de la colère ; la résolution musculaire de la crainte et de l'étonnement sont autant de réactions exercées par la pensée sur l'économie vivante.

Le langage, qui est l'expression de l'expérience universelle, a des locutions caractéristiques des réactions émotives et intellectuelles : *on se fait du mauvais sang et de la bile,* sous l'influence d'impresisons fâcheuses ; on *s'abreuve d'amertume* dans l'affliction ; on se *creuse lu tête*, pour fouiller la mémoire ; on se *bat les flancs*, pour s'exciter à l'action ; la frayeur donne *la chair de poule ;* une grande contention d'esprit nous *casse la tête,* etc. On exprime encore des réalités, en disant que *tout ce qui pousse à la gaîté aide à la digestion ;* que l'humeur triste ou gaie que nous communiquent les influences psychologiques de la lumière nous font *voir tout en rose ou tout en noir.* Les états cérébraux ont un tel retentissement sur la vie nerveuse et sanguine de la vision, qu'on voit le regard se ternir ou s'éteindre dans les affections déprimantes ; rayonner dans la joie ; s'attendrir dans l'émotion ; étinceler dans la colère ; se cacher dans la dissimulation et la défiance. On *sèche d'envie et de remords,* parce que le remords et l'envie sont accompagnés de troubles trophiques. Les émotions violentes font *tourner le sang.* On voit les peines émotionnelles troubler les fonctions des viscères, au point de déterminer la résorption de la bile. Claude Bernard a observé par des épreuves directes que la sécrétion biliaire s'accélère ou diminue suivant le caractère des dispositions mentales des sujets en expérience.

Quelle que soit la lourdeur des répétitions, il faut s'appesantir sur les faits qui appuient la certitude. Il est tellement vrai que les affections de l'esprit altèrent les sécrétions, que l'état digestif lui-même est influencé par l'état intellectuel. En outre des désordres accidentels se reliant à des états d'esprit particuliers, les ouvrages de pathologie constatent qu'aux époques d'épidémie, de tourmentes sociales, des troubles nutritifs compromettent l'intégrité des connexions nerveuses et déterminent l'altération des organes et des fonctions. Les auteurs qui ont traité de la physiologie des passions et les ont étudiées au point de vue de l'application de l'hygiène à la morale, rapportent de nombreux exemples de modifications somatiques provoquées par les dispositions mentales,

En signalant les réactions mutuelles des désordres physiques et des troubles de l'esprit, Maudsley déclare que la joie et l'espoir sont les meilleurs remèdes contre les maux de toute sorte, en même temps qu'un surcroît et une promesse de vie. *L'espérance est le bonheur en fleur*, dit un proverbe chinois ; il remplit l'organisme d'énergie ;

le découragement l'affaiblit. Claude Bernard met
en lumière, par l'explication de la livraison des
actions réflexes et des modifications circulatoires,
la réalité physiologique du *cœur gros, du cœur
brisé, du cœur maîtrisé.* Le cœur supporte les
effets du choc en retour de nos émotions ; *c'est
du cœur que viennent les conditions de manifestation des sentiments, quoique le cerveau en soit le
siège exclusif. Leur communication se réalise par
les relations anatomiques des nerfs pneumo-
gastriques, qui portent les influences nerveuses au
cœur, et par les artères carotides et vertébrales,
qui conduisent le sang au cerveau.*

Les anciens localisaient dans les viscères
l'action des phénomènes passionnels : *on rit par
la rate, on s'irite par le fiel; on aime par le
cœur; on s'émeut par le poumon.* Nous portons
la main à la tête pour marquer l'état de la mémoire,
de l'imagination et du jugement ; au centre
épigastrique, lorsqu'il s'agit d'exprimer la joie, la
haine, l'amour, le dégoût, parce que nous considérons l'estomac et le cœur comme le siège
secondaire des émotions; mais les passions
dépendent primitivement du cerveau, puisque ses
altérations entraînent une perturbation des phéno-

mènes émotifs et intellectuels et que les passions survivent aux lésions et à la destruction des viscères. En réalité, il n'y a pas de passions purement intellectuelles et nos états affectifs, même les plus spiritualisés, relèvent des modifications nerveuses d'origine encéphalique.

· L'analyse du fonctionnement de l'intelligence, l'improvisation d'états psychiques, par l'ingestion de certaines substance : alcool, opium, hachich, etc., dénoncent la répercussion des actions viscérales sur l'organe de la pensée et rendent compte de la tonalité et des variations des sentiments et des idées. De même que l'accélération des battements du cœur, la vacuité de l'estomac, les douleurs intestinales engendrent l'anxiété, la morosité, le découragement, le contentement et le bonheur émanent des dispositions physiques.

En résumé, l'acte organique et l'acte mental sont solidaires, déterminés l'un par l'autre, et tout ce qui se passe dans l'esprit se relie à la modalité physiologique. Les procédés employés par certaines individualités pour exalter l'activité cérébrale mettent en relief l'étroite dépendance de l'esprit vis-à-vis de l'organisme. Les uns ont recours aux stimulants généraux ; d'autres influencent l'organe de la pensé par une excitation directe. Les exemples d'hyperidéation provoquée sont nombreux parmi les savants, les écrivains et les artistes.

La liste serait longue, de ceux qui ont éprouvé l'influence pénétrante de l'imagination. On conçoit qu'une tension nerveuse continuelle modifie le fonctionnement vital. Si les pilules de mie de pain, la confiance et les miracles jouent un rôle curatif incontestable, on voit souvent l'agitation, l'exaltation, la crainte, la contracture de l'esprit, connue sous le nom d'*idées fixes*, engendrer des désordres. Les publications médicales en rapportent beaucoup d'exemples : un médecin administre à cent de ses pensionnaires une potion à l'eau sucrée; un quart d'heure après, il leur annonce que le préparateur a mis par erreur dans sa potion une forte dose d'émétique et qu'on va distribuer un contre-poison. Quatre-vingts malades de l'asile sont pris de vomissements immédiats. Dans le même ordre de faits, rentre le cas du paysan à qui on avait remis l'ordonnance écrite d'une purgation, en lui disant : vous prendrez cela. Rentré chez lui, il se met au lit et avale le papier, qui le purge fortement. Les cures par suggestion, les hallucinations, les stigmatisations des mystiques sont de la même famille. La peur des maladies a fait bien des victimes ; nombre de croyants ont trouvé le salut dans les pélerinages.

Comme la lance d'Achille, l'imagination guérit ses propres blessures. La confiance est un tonique puissant et une force réelle. On a soulagé autant de malades par des remèdes inertes, que délivré de possédés de leurs obsessions par des simulacres d'exorcisme. Il n'est pas rare de voir les préoccupations constantes, les tourments de l'inquiétude exercer sur l'organisme une action pathogénique et produire des troubles matériels, qui disparaissent dès qu'on a trouvé le moyen de maîtriser l'agitation de l'esprit et le despotisme des passions affectives, soit par un traitement autoritaire, soit par des pratiques appropriées. L'imagination crée, détourne, aggrave les maladies. C'est à tort qu'on qualifie de fictifs les désordres qu'elle fait naître, puisqu'ils s'accompagnent de troubles fonctionnels.

L'expérience montre donc que l'imagination, qui gouverne les sentiments et les idées, est une force capable de susciter des états morbides ;

fortis-imaginatio generat casum ; et que les idées et les sentiments exercent sur la santé physique une action salutaire ou funeste, selon que les impressions dominent la volonté ou que la volonté les modère.

Pourquoi la physionomie est-elle l'expression vivante du caractère et des habitudes? C'est parce que la répétition des signes propres aux passions dominantes grave sur les traits une empreinte qui est la traduction plastique des états affectifs sous-jacents ; c'est parce que les représentations apparaissent à l'esprit comme des objets perceptibles par les sens, que la sensibilité les exprime par des manifestations nerveuses et musculaires. De même qu'un grand nombre d'êtres vivants reçoivent l'imprégnation du milieu ambiant jusqu'à le réfléchir, phénomène connu des naturalistes sous le nom de mimétisme, on constate une sorte de fusion des physionomies parmi les personnes longtemps soumises aux mêmes conditions d'existence et d'impressions. La société photographique de Genève, frappée de la répétition des conformités de ce genre, a reconnu cinquante-

quatre cas de ressemblance physique chez
soixante-dix-huit conjoints. On rencontre parmi
les membres des corporations religieuse, militaire,
etc., des caractères particuliers qui sont comme
l'empreinte distinctive de la condition. *L'homme
extérieur est moulé sur l'homme intérieur.* La
physiognomonie montre comment l'attitude du
corps et le caractère des traits du visage révèlent
les habitudes de la sensibilité et de la pensée ; de
quelle façon les passions et le vice deforment la
figure humaine ; comment l'égoïsme plisse la
lèvre, l'avarice serre les tempes, les appétences
grossières boursoufflent le nez, creusent les
narines, avachissent la mâchoire, écarquillent les
yeux, empâtent le menton.

Piderit confirme par une série d'esquisses
plastiques précises et probantes (*Mimique et
Physiognomonie*) la similitude universelle des
mouvements d'expression signalés par Darwin
chez les différentes races humaines. Il observe
qu'une disposition émotive s'exprime sur le
visage d'une seule et même façon ; il explique
physiologiquement les phénomènes variables et
complexes du jeu de la physionomie et détermine
les causes de l'adaptation constante des expressions

aux émotions. Les faces et les attitudes animales elles-mêmes présentent des traits essentiels du langage mimique et l'empreinte des passions.

Les muscles d'expression sont les touches du clavier passionnel. Superficiels, plongeant leurs racines dans le cerveau, dont ils réfléchissent les impressions ; associés aux gestes et aux mouvements de la respiration, les muscles faciaux représentent la concordance des réactions de l'émotivité et des sollicitations qui nous éprouvent. L'action physiologique de l'orgueil et de l'infatuation se révèle par l'expansion, la jactance, l'impertinence du ton et des attitudes. Nous sommes tous familiarisés avec l'interprétation des jeux physionomiques particuliers à la paresse, à l'ennui, à la fourberie, à l'impatience, à la méditation, à la moquerie, etc.

On sait combien il est difficile d'exprimer des sentiments contraires à ceux qu'on éprouve. Une physionomie de commande, *vultus jussus*, ne trompe personne. Quand Talleyrand dit que la parole est faite pour déguiser la pensée, il entend que la langue articulée est sous la dépendance de la volonté. Mais la volonté est souvent impuissante à dominer le jeu inconscient des mouvements organiques de l'expression, qui sont la langue muette et universelle de l'esprit, et l'observateur distingue facilement les modalités expressives caractéristiques des grimaces artificielles. A l'exception des gens gras, aux traits noyés; de l'acteur au visage labouré de rides confuses et réflétant une mimique mouvante; des porteurs de barbe ou de bésicles, dont le masque pâteux ou travesti permet d'affecter une physionomie neutre, alors qu'un visage mobile et découvert, où l'âme gît sous l'épiderme, parle toujours une langue qui ne saurait mentir, les rapports invariables des mouvements aux impressions peuvent être considérés comme des repères constants des affections spécifiques de la sensibilité. Les plis de l'expression, les moires de l'œil, l'attitude équivoque, le geste détonant trahissent la simulation et révèlent le véritable état mental qu'elle cherche à déguiser.

Comment s'étonner que les émotions se manifestent si facilement sur la figure, quand on sait que les petits nerfs moteurs d'origine cérébrale gisent à la surface de la charpente osseuse; que les plus légers mouvements du cerveau se traduisent aussitôt par les contractions caractéristiques et les différents degrés de tension des muscles mobiles de la face et qu'enfin, l'activité persistante d'un groupe de muscles faciaux dégage un trait dominant qui demeure et donne à l'expression du visage un caractère de fixité ?

Campanella était tellement persuadé de la constance du langage de la sensibilité et de là corrélation nécessaire des traits de la figure et des dispositions de l'esprit, qu'il prétendait pénétrer la pensée d'une personne, en imitant son attitude et sa physionomie. C'est qu'en effet, à chaque état psychique correspond un état dynamique caractérisé par des frémissements fibrillaires, des modifications vasculaires, sécrétoires, thermiques et que la représentation mentale d'un objet, l'impression d'une idée déterminent des mouvements appropriés, des attitudes, des sillons physionomiques, des expressions, qui constituent, en quelque sorte, la parole extérieure et expliquent le retentissement de la pensée voisine et la lecture des idées : *ex vultibus hominum mores colligo.*

Le mérite des œuvres d'art et des descriptions littéraires se mesure à la fidélité de cette correspondance de l'expression mimique et de l'état de la pensée. Elles ne sont réellement suggestives, qu'autant que l'artiste ou l'écrivain a su dégager du monde sensible ce qu'il a d'expressif du monde intellectuel et retenir les caractères essentiels des manifestations de l'esprit. Le langage des passions est la plupart du temps mal représenté ou mal décrit. On voit des physionomies animées simultanément d'affections discordantes et des descriptions qui ne sont que la caricature des dispositions et des expressions physiologiques.

Dugald-Stewart fait l'application pratique des relations de mitoyenneté du corps et de l'esprit au traitement des passions : *un moyen de corriger l'emportement du caractère et de se rendre plus agréable aux autres et plus heureux soi-même, c'est de s'interdire toute marque de mauvaise humeur et de violence. Il existe entre le corps et l'esprit une si étroite liaison, qu'il suffit d'imiter l'expression d'une passion violente pour l'exciter en soi et que, d'un autre côté, la suppression des signes extérieurs tend à calmer la passion qu'ils expriment.*

Il est à la connaissance de tout le monde que la suggestion de l'hypnotisé par le sens musculaire, l'attitude imprimée à ses membres, s'accompagnent d'impressions qui éveillent dans son cerveau des idées corrélatives. Qu'on lui donne une posture tragique, l'émotion correspondante se manifeste. Si on ferme ses poings, le sourcil se fronce, la figure exprime la colère. Inutile de multiplier les exemples de ces' phénomènes vulgarisés par l'expérimentation publique.

Dans l'état normal, la représentation artificielle et sa manifestation' plastique, autrement dit l'auto-suggestion, acquièrent une telle intensité, qu'on voit des orateurs, des acteurs susciter en eux les éclats des passions ; improviser le rire, les larmes, la colère ; s'inspirer des mouvements émotifs de tout ordre.

C'est un fait d'expérience courante, que les attitudes éveillent des tendances et qu'en maîtrisant les contractions motrices caractéristiques de ces tendances, nous en effaçons à la fois l'expression et le retentissement. On se délivre des suggestions des passions basses et des inspirations irréfléchies, par une sorte de mouvement de protestation. A qui n'arrive-t-il pas de résister aux entraînements et aux tentations ; de dompter l'impatience et la colère ; de secouer la paresse,

de réprimer les impulsions de la violence ; etc ?
L'observation atteste que les individus conscients
et capables de réflexion peuvent dominer et contenir
les états émotifs émanant des régions psychiques
ou procédant de l'action musculaire et diriger les
idées dans leur développement et les sentiments
dans leur manifestation.

IV

Une loi supérieure gouverne la génération et l'hérédité. Dotés d'une vitalité plus ou moins active, tributaires de nos devanciers, nous entrons dans la vie, les uns, munis d'instruments combinés et relativement parfaits ; d'autres, ne possédant, pour répondre aux exigences de la condition humaine, que des moyens d'action insuffisants, défectueux, parfois vicieux. Les uns et les autres ont pour la vie un égal attachement et leur obligation d'en remplir les devoirs et de faire face à ses besoins est aussi rigoureuse. On serait tenté de croire que la distribution des forces vitales n'est due qu'à des hasards aveugles. La vérité est que l'égalité distributive, telle que nous la concevons, n'est qu'un rêve. La nature a imposé à chacun de nous la race, la constitution, l'individualité. Personne n'a reçu en partage les mêmes moyens d'action. Les dispositions physiques qui déterminent la manière d'être intellectuelle et passionnelle de l'individu sont

plus ou moins tranchées, suivant la nature
essentielle ou mixte des organisations. La mobilité
de l'esprit, l'insouciance, l'amour des plaisirs sont
les attributs ordinaires de la constitution sanguine.
Les gens nerveux ont généralement une intelligence vive, une sensibilité intense, des passions
ardentes. Chez les bilieux, on trouve souvent
une constitution énergique, la persévérance, la
concentration. La mollesse, la lenteur de l'esprit,
la paresse des mouvements sont les traits saillants
du lymphatisme.

L'inégalité qui règne sur la vie physique exerce
pareillement son empire sur la vie de l'intelligence. Le nivellement rêvé par des idéologues
d'occasion est un songe absurde. Où ont-ils
découvert le type de leur utopie ? L'égalité n'existe
nulle part et rien ne ressemble moins qu'un
homme à un autre homme ; il n'existe pas deux
combinaisons semblables d'aptitudes ou de virtua-
lités intellectuelles et affectives. L'état mental
dérive de la constitution histologique intime des
centres nerveux de l'idéation, de leurs altérations
congénitales ou éventuelles, de la circulation
sanguine, dont la modalité détermine tous les
degrés de l'exaltation et de la dépression fonc-

tionnelle ; des actions réflexes physiologiques et pathologiques.

S'il est vrai que la régularité des manifestations de l'activité vitale et de l'évolution psycho-intellectuelle dépend de l'intégrité de l'appareil nerveux et de l'irrigation vasculaire ; si quelques vibrations cellulaires de plus ou de moins dans un temps donné sont capables d'aiguiser ou d'émousser la sensibilité et l'intelligence, n'est-il pas évident que les dispositions individuelles se relient au mode de fonctionnement des éléments organiques ? On ne peut douter que des influences prédisposantes, émanant de l'hérédité ou de causes adventices et se rattachant aux particularités organiques, ne prononcent la manière d'être des individus, ainsi qu'une aptitude spéciale pour subir l'action des agents extérieurs ou pour leur résister. L'équilibre et l'ataxie intellectuels, la fixité et l'instabilité nerveuse, l'application et la mobilité de l'esprit, l'intensité et la faiblesse des idées, l'énergie et la dépression volontaire sont les caractères constitutifs de l'état psychique et le produit d'un mécanisme inné et de propriétés acquises. La plante est dans la graine. L'embryon possède déjà des affinités virtuelles ; il est déjà

victime des fatalités du sang ; il portera le poids de
fautes qu'il n'a pas commises. N'est-il pas d'une
certitude massive que l'homme qui a reçu de ses
parents un ferment vital exempt de toute viciation
et qui apporte en naissant un appareil physiologique d'élite reçoit par cela même une virtualité
inhérente à sa richesse d'organisation ? *Vivere
bis vitâ posse priore frui.*

Un peu de réflexion suffit pour comprendre
combien les rêveries égalitaires sont opposées aux
partialités de la nature et incompatibles avec
l'hérédité dans ses conséquences sociales. C'est
en vain que des réformateurs de fantaisie exploi-
tent les préjugés et l'ignorance de la foule mineure
pour ameuter les déshérités de la naissance et les
conduire à l'assaut de la fortune. L'inégalité défie
toutes les révoltes ; les protestations sont inutiles ;
la violence et la force ne hâteront pas plus
l'évolution, que *le vent qui soulève la surface de
la mer n'agite ses profondeurs.*

Au surplus, les supériorités se recrutent par le
bas comme par le haut ; les mérites acquis ne le
cèdent en rien aux dons naturels et la loi du
progrès, n'est pas de rabaisser ce qui excelle, mais
d'ouvrir les avenues et d'élever les conditions.

Notre dotation nous a été imposée sans délibération contradictoire ; une stérile violence ne
précipitera pas la solution du problème qui nous
passionne.

L'initiative et la perfectibilité de l'individu,
l'élargissement des facultés, l'association des
efforts collectifs sont des faits irrécusables. On
ne pourrait nier l'élévation du niveau de la
mentalité collective, sans méconnaître l'autorité
des faits qui proclament le pouvoir de la culture.
Si l'on compare la mentalité des temps anciens et
de notre époque, on voit combien la constitution
actuelle de l'intelligence domine la sensualité
grossière, les idées étroites et les écarts d'imagination du passé. *L'âge moderne a discipliné la
pensée.*

Galton rend l'Eglise responsable des ténèbres et
de la barbarie du moyen-âge : *la constitution
sociale des temps était telle, que les hommes et les
femmes de nature douce, disposés à la méditation,
amis des arts et des lettres, n'avaient de refuge
que dans le sein des ordres religieux. Mais
l'Eglise leur imposait le célibat. Elle semble avoir
choisi la partie la plus grossière de la société
pour perpétuer les générations et entretenir la*

brutalité et l'ignorance qui ont prévalu pendant dix siècles en Europe. On peut ajouter à ces causes de détérioration de la race l'épuisement occasionné par les guerres continuelles, qui ont sacrifié les hommes les mieux constitués, pour laisser la reproduction à la merci des individus physiquement inférieurs.

Notre siècle a un caractère de grandeur et de puissance qu'on ne peut méconnaître. On n'apprendra rien à personne, en disant que le perfectionnement des institutions, la marche ascensionnelle de la culture mentale, l'application de la science à l'amélioration de la destinée humaine, l'adoucissement des mœurs, les progrès considérables de l'hygiène, l'appropriation de ses découvertes, chaque jour plus nombreuses et plus efficaces, à l'art de protéger et de prolonger l'existence, en la préservant des désordres qui nous ruinent et nous déciment, ont exercé une action profonde sur notre relèvement et préparé un amendement et une progression qui sont le résultat des efforts individuels accumulés. L'homme moderne sait mieux se défendre contre les causes de destruction : — la vie moyenne était en France de dix-huit ans et cinq mois au seizième siècle ;

elle est maintenant plus que doublée —; il connaît mieux la loi de ses rapports et de sa fonction; son état social est supérieur; il est plus capable de se diriger dans la voie de la raison et de la justice; il porte en soi plus d'humanité.

Ce n'est peut-être pas, dit l'auteur des Problèmes, *faire un rêve trop hardi, que d'entrevoir dans les ténèbres de l'avenir une terre où tout le monde pensera; où l'esprit, arrivé à des méthodes plus sûres, moins embarrassé d'entraves et de chimères, exercera sur le monde une domination plus complète, plus assurée et plus facile; une humanité moins animale, moins esclave des appétits matériels, délivrée de toutes les oppressions par la raison, la science et la liberté.*

L'éducation a pour but de nous émanciper des tendances d'ordre inférieur, en faisant la théorie des antécédents de la volonté. Il est certain que les individus sont incapables de réaliser dans les pensées et dans les actes l'idéal intelligible de raison et de moralité, puisque l'exacte connaissance des choses et la régularité des opérations de l'esprit sont en rapport constant avec l'état des organes et la qualité des enseignements et des acquisitions. Les tares psychiques jouent le même rôle dans la manière d'être individuelle, que les vices de conformation, dans le fonctionnement de l'organisme. La perversité n'est souvent que la conséquence de dispositions vicieuses constitutionnelles et d'une mauvaise éducation. La criminalité est souvent associée aux dégénérescences et les tendances anti-sociales sont des manifestations de l'atavisme qui peuvent être considérées comme une survivance de la barbarie.

L'anthropologiste italien Lombroso rapproche la tenacité des instincts farouches, perpétués par quelques attardés de la sauvagerie, de la persistance des caractères anatomiques primitifs, représentés dans le corps humain par des organes atrophiés tels que le peaussier du cou, les muscles moteurs de l'oreille, les vestiges de queue, les mamelles chez les mâles des mammifères, etc.

Se rend-on bien compte de la faible influence de l'instruction sur les individus dont les sentiments moraux sont atrophiés par la défectuosité de l'organisation? Les perfectionnements de l'orthopédie philosophique et l'amélioration des méthodes de la pédagogie ne modifient guère la marche de la criminalité. Ni la connaissance de l'arithmétique, ni l'étude de la grammaire, de l'arpentage et de la géographie ne développent la moralité ni ne fortifient la discipline personnelle. L'instruction ne peut avoir d'action utile qu'en augmentant les ressources des deshérités de l'intelligence. A défaut de cette compensation, elle ne fait que stimuler la sensibilité, provoquer les désirs, et tend plutôt à exagérer la disproportion entre les besoins et les moyens de les satisfaire.

Au commencement de ce siècle, la statistique judiciaire comptait soixante et un ignorants sur cent prévenus. Aujourd'hui, sur cent accusés, soixante-dix sont lettrés. Les anciens, estimant que la connaissance des faits et des vérités d'ordre positif ne supplée pas au sentiment et ne peut créer la discipline morale, réclamaient déjà une plus large part pour l'éducation.

Certes, il ne peut venir à l'esprit de personne de nier l'action bienfaisante de la culture ; l'assainissement de la conscience et de l'esprit est une œuvre aussi pressante que la destruction des ferments morbides de l'organisme. Mais, de même qu'on ne parvient pas toujours à éliminer les germes infectieux ou à neutraliser leur viru-

lence, on ne peut considérer l'instruction comme
un préservatif infaillible des égarements, surtout
quand elle s'adresse à des sujets radicalement
viciés ou à des résistances natives et enracinées.
C'est une tâche bien aride, que de suggérer des
sentiments à ceux qui sont dépourvus de sensibilité, d'improviser l'intelligence, la réflexion et
la volonté chez les impuissants et les instinctifs.

Les uns ont manqué d'incubation ; ils végètent
dans une ignorance grossière et ne possèdent
qu'une notion indécise de la vérité ; D'autres sont
héréditaires ; leur organisation les prédispose à
toutes les perversions et à toutes les misères. Les
déformations physiques et les déviations intellectuelles marchent de pair : *monstrum in fronte,
monstrum in animo*. L'anthropométrie ne trouve
que huit pour cent de sujets physiquément nor-
maux sur soixante-dix-neuf enfants criminels. Chez
les enfants des asiles, le nombre des anomalies
est considérable. Les caractères du type criminel
ont été reconnus dans le quart des cas chez des
soldats disciplinaires. Les dégénérés héréditaires
ont des prédispositions organiques ou fonctionnelles ; leur esprit a des points faibles ; leur
psychologie est mécanique. C'est parmi eux qu'on

rencontre les cérébraux connus sous le nom
de génésiaques, ambitieux, persécutés, pyroma-
nes, etc. Qu'il s'agisse des sentiments ou des
inclinations; des appétits ou des instincts, leur
organisme porte une empreinte congénitale. Les
causes qui amènent l'explosion des désordres ne
sont qu'accessoires ou occasionnelles ; la forme
spéciale des manifestations se détermine suivant
la ligne de plus faible résistance.

Herbert Spencer a peu de confiance dans les
effets moralisateurs de la culture : *la croyance
qu'un caractère vicieux puisse s'organiser socia-
lement, de façon à ne pas donner une conduite
proportionnellement vicieuse, est une croyance
dépourvue de fondement. Il est possible de changer
la forme du mal, le point où il se produit ; il
n'est pas possible de s'en débarasser et aucun
procédé ne pourra l'empêcher de produire son
équivalent en mauvais résultats.*

D'un autre côté, qui oserait soutenir que le
contact des êtres qui ne songent qu'à exalter les
penchants brutaux et à tourner le devoir en déri-
sion, n'est pas capable d'altérer la structure
intime des appareils du cerveau, ce laboratoire
des impressions, cet atelier de la pensée ; de le

modifier dans sa tension vitale, dans sa nutrition propre, dans son assimilation ? L'exemple vivant est le plus puissant des leviers ; l'esprit d'imitation se rattache aux tendances les plus profondes. Les impressions de l'enfance éveillent des habitudes qui peuvent se perpétuer, comme les terreurs inculquées par les contes de nourrices ; des dispositions qui s'introduisent dans le courant des idées, par l'adaptation au milieu ; des impulsions suscitées par l'empire de l'entraînement.

Les mêmes lois président à l'évolution de tous les organes. La prédominance de la passion sur la raison résulte de l'inertie de la pensée, comme l'infériorité de force et d'adresse d'un organe inactif provient de son défaut d'exercice. Le relâchement de la tonicité nerveuse atrophie les régions qu'il occupe. Un organisme desservi par une circulation mal réglée ressemble à un générateur de vapeur dont les voies de décharge sont obstruées par les incrustations. De même que la pratique de mouvements appropriés augmente l'énergie musculaire, la modalité psychique régit la constitution des appareils cérébraux et détermine le degré des dispositions intellectuelles, affectives et morales. Un homme mal organisé, n'ayant eu pour guides que des êtres dépravés ; pour leçons, que des exemples dégradants, n'a pas les mêmes éléments d'appréciation que celui qui a été nourri de réalité, élevé dans un milieu honnête, dont l'éducation a été sagement conduite, qui trouve dans ses exemples et dans sa conscience une lumière et un juge. *Nec imbellem feroces progenerant aquilæ columbam.* On ne peut exiger d'eux les mêmes sentiments, la même dose de raison, la même manière de comprendre la vérité et le devoir. L'enfance se modèle toujours sur son entourage ; la jeunesse dépend de l'enfance ; l'âge mûr est solidaire de la jeunesse. *Chaque individu, par la série d'actes qui constitue la trame de sa vie, et qui finissent par se coordonner pour ses descendants en habitudes héréditaires, déprave ou moralise sa postérité, de même qu'il a été moralisé ou dépravé par ses ancêtres.*

Le massage appliqué aux affections nerveuses corrige les mauvaises dispositions et régularise les mouvements désordonnés, en les soumettant à une sorte de discipline. Une habitude morale s'acquiert par l'exercice fréquent des sentiments élevés 'et par la pratique constante des actes raisonnables. Les répétitions multipliées des pensées, des sentiments et des actions ont seules le pouvoir d'amener dans la conscience individuelle des modifications ayant le caractère de permanence. Il est aussi impossible de précipiter le perfectionnement de l'individu, que d'abréger l'évolution sociale. L'arbre abandonné devient sauvage. Les instincts non réprimés engendrent les appétits, les passions et les vices. Sur quels principes cardinaux veut-on qu'un sujet né dans l'abjection, livré à lui-même, et dont la personnalité ploie sous le poids des origines, s'appuie pour s'orienter dans le labyrinthe des embranchements de la route et pour aiguiller sa vie dans une direction opposée aux secousses de ses impulsions, aux exemples qui l'entourent, aux entraînements qui l'assiègent? Un mauvais arbre ne saurait produire de bons fruits ; on ne demande pas au sauvageon les mêmes produits qu'à la greffe. Si l'entement de l'éducation peut modifier artificiellement les 'dispositions des sujets, il n'exclut pas l'individualité et n'a pas le pouvoir d'improviser des êtres indépendants de leur ascendance : *vestigia nec radicitùs evelli mala posse putandum est.*

Les effets de l'hérédité seraient-ils sans remède ? Gardons-nous de le croire. L'éducation n'est que rarement frappée d'impuissance. La culture transforme et parfois étouffe les instincts héréditaires. Elle crée une série d'habitudes par la suggestion du précepte, la représentation de l'exemple, de l'idée et de l'acte, ces auxiliaires essentiels et pratiques de l'apprentissage du devoir. Il n'est pas vrai que la nécessité de l'évolution humaine et sa dépendance de l'hérédité infirment l'utilité et le pouvoir de l'éducation.

Au siècle dernier, dit Guyau, *on avait exagéré l'importance de l'éducation, au point de se demander, avec Hélvétius, si toute la différence entre les divers hommes ne provient pas de la seule différence dans l'instruction reçue et dans le milieu; si le talent, comme la vertu, ne peut s'enseigner. Beaucoup de savants et de philosophes contemporains sont persuadés, au contraire, que l'éducation est radicalement impuissante, quand il s'agit de modifier profondément chez l'individu le tempérament et le caractère de la race. D'après eux, on naît criminel comme on naît poète ; toute la destinée morale de l'enfant est contenue dans le sein maternel, puis se déroule implacablement dans la vie. Pas de remède possible pour ce mal commun des déséquilibrés, fous, criminels, visionnaires, hystériques. Les races descendent l'échelle de la vie et de la moralité tout ensemble, mais ne la remontent pas.*

Il y a là un problème dont le premier terme est l'habitude héréditaire ou ancestrale ; le second, l'habitude individuelle ; l'une déjà incarnée dans les organes ; l'autre acquise. La pédagogie moderne trouve dans la suggestion par les voies psychologique et morale, un moyen de réformation. Elle conçoit la possibilité de créer des instincts artificiels et des impulsions capables de faire équilibre aux tendances préexistantes.

On a trouvé, dans l'application de la thérapeutique suggestive, un moyen de corriger, tout au moins de transformer ou d'affaiblir des habitudes dépravées de la sensibilité, de l'intelligence, de la volonté et des troubles d'origine psychique. Or, la suggestion inconsciente physiologique et névropathique n'est que le grossissement, l'exagération

do faits qui se passent à l'état normal. La vie
sociale n'est, pour ainsi dire, qu'une balance de
suggestions conscientes réciproques. En réalité,
nous sommes tous suggestibles sous l'influence
du milieu et l'éducation n'est autre chose qu'un
ensemble de suggestions raisonnées ; elle consiste
avant tout à inspirer de bonnes habitudes, par
l'autorité et par l'intensité de l'affirmation, et à
exercer sur le caractère, par l'entraînement et par
l'affectuosité, une pression durable. Un des
grands ressorts de l'éducation est d'élever l'individu
dans sa propre estime, en lui inspirant la confiance
en soi ; d'éclairer et de fortifier la volonté et de
diriger les actions. Beaucoup d'ouvrages contiennent des observations qui montrent que
l'émulation et l'usage des suggestions conscientes
dans l'éducation sont aussi anciens que la pédagogie. Feuchtersleben, dans son *Hygiène de l'âme*,
insiste sur l'utilité de convaincre les enfants qu'ils
ont déjà acquis des mérites, afin de développer
leurs aptitudes. *Regardez, dit-il, votre frère
comme un homme de bien et il le sera. Ayez
confiance dans celui qui n'est bon qu'à demi et il
le deviendra tout à fait. Supposez des aptitudes
chez votre élève; il les développera. Si vous le*

jugez incapable, il restera tel. Il faut *sucrer les viandes salubres à l'enfant.* Le doute et le découragement stérilisent et déssèchent la confiance et la volonté. 'L'estime témoignée est une des formes les plus puissantes de la suggestion. On a dit avec raison que les suggestions de la première éducation sont celles qui ont le. plus de pouvoir et que l'art de conduire les jeunes gens consiste avant tout à les supposer aussi bons qu'on souhaiterait qu'ils fussent. Pascal a fait la même remarque : *l'homme est ainsi fait, qu'à force de lui dire qu'il est un sot, il le croit ; à force de se le dire à soi-même, on finit par le croire.*

Ceux qui prétendent que le bon sens individuel peut suppléer aux enseignements oublient que la morale a des lois constantes et impersonnelles fondées sur la raison commune. L'individu ne recommence pas la série des expériences du passé. Produit nécessaire de ceux qui l'ont précédé, anneau de la chaîne des êtres qui rattachent le passé à l'avenir, il ne fait que s'assimiler, dans la mesure de ses aptitudes transmises ou acquises, les connaissances réalisées par la succession des

ancêtres. La courte durée de la vie individuelle
serait absolument insuffisante pour élever l'homme,
des conditions infimes de l'animalité, à la dignité
d'être pensant et d'être moral. Cette promotion
est l'œuvre de l'évolution, de l'enchaînement des
existences, de l'hérédité, dont le produit se
conserve dans l'organisme à l'état de tendances et
d'aptitudes potentielles. Il est incontestable que
la préparation d'une culture antérieure est la condition nécessaire de la réceptivité de l'esprit et de
l'assimilation des idées. Le pouvoir acquis labo-
rieusement par une génération devient la faculté
innée de la génération suivante. *Ce que nous
apprenons n'est qu'un ressouvenir de ce que nous
avons sçeu.* De même que le germe humain
parcourt tous les degrés intermédiaires de l'embryogénie animale, avant d'atteindre son type
supérieur, la psychologie individuelle traverse,
avant de se dégager de l'instinct et de s'élever à
la raison, toutes les phases de la genèse infantile
de l'humanité. Mais le développement de l'intelligence s'accélère en raison de l'évolution séculaire
et de la vitesse acquise sous l'action combinée de
l'hérédité, de l'éducation et du milieu.

Pascal pense que *non-seulement chacun des*

hommes s'avance de jour en jour dans la connaissance ; mais que tous les hommes ensemble y font un continuel progrès, à mesure que l'univers vieillit, parce que la même chose arrive dans la succession des hommes que dans les âges différents d'un particulier. De sorte que toute la suite des hommes pendant le cours de tant de siècles doit être considérée comme un même homme qui subsiste toujours et qui apprend continuellement. D'où l'on voit que la vieillesse de l'homme universel ne doit pas être cherchée dans les temps proches de sa naissance, mais dans ceux qui en sont le plus éloignés.

Spencer résume ainsi les conditions organiques et les conséquences intellectuelles de l'hérédité : le cerveau humain est un registre organisé d'expériences infiniment nombreuses, pratiquées durant l'évolution de la série d'organismes qui a été traversée avant d'arriver à l'organisme humain. Les effets des expériences les plus uniformes et les plus fréquentes ont été légués, capital et intérêts, et ont atteint lentement le degré de haute intelligence qui est à l'état latent dans le cerveau de l'enfant. Celui-ci, dans sa vie ultérieure, en augmente la force et la complexité et le transmet

avec de petites additions aux générations futures.
Ainsi, il arrive que l'Européen hérite de trente
pouces cubes de cerveau de plus que le Papou ;
que, des facultés à peine ébauchées dans les races
inférieures, deviennent congénitales dans les races
supérieures et que, des sauvages incapables de
compter le nombre de leurs doigts, sortent à la
longue des intelligences de premier ordre. La
gestation de la mentalité est le labeur de tous les
âges ; la psychologie et le progrès reposent tout
entiers sur la continuité de sa préparation et de
sa culture.

On a déterminé la constitution de l'esprit
français au moyen-âge et à notre époque : au
moyen-âge, l'imagination et la prédominance de
la sensibilité ont entravé l'essor et les progrès de
l'esprit. Aujourd'hui, nous naissons dans un
milieu complexe de science et de raison et le cerveau de l'enfant, façonné par un travail permanent
d'adaptation, contient le germe de nos connaissances. *Le vieillard d'autrefois avait peu acquis ;*
il mourait jeune ; nous naissons vieux.

V

Les philosophes qui fondent, comme Büchner, la morale sur des conventions mutuelles ; ceux qui, avec Schopenhauer, ne voient la source des bonnes mœurs que dans la sensibilité, livrent l'ordre social à la discrétion de l'égoïsme et des passions. Dans le domaine scientifique et intellectuel, l'expérience est le criterium de la rectitude des jugements. La mesure des phénomènes moraux se trouve dans les vérités fondamentales qui constituent la ligne du droit sens et de la raison. La raison est le résultat systématisé de l'éducation, l'expression codifiée de l'idéal du vrai, de l'utile et du juste ; elle repose sur l'obligation émanant du concept de l'ordre et sur un fonds commun de sensibilité, transmis par la sociabilité, consolidé organiquement, animalisé par l'accumulation incessante du travail des générations. L'ordination sociale s'appuie sur la continuité de l'expérience et sur l'état organique de la conscience ; elle s'impose à la conscience individuelle. L'homme civilisé naît sociable ; il partage l'épargne d'une mentalité mille fois séculaire ; il ne peut répudier ni le fonds d'idées qui est le capital intellectuel de la civilisation ni les expériences inhérentes au système nerveux de l'espèce ; il ne peut renier l'évolution et l'hérédité qui ont développé en lui la modalité et l'intuition morales. S'il était possible de remonter à l'aube de la civilisation, on verrait qu'elles ne sont que l'écho de traditions lointaines et que leur stabilité et leur forme impérative ont toujours été considérées comme la condition nécessaire de la sociabilité.

Mais, bien que la morale prenne sa source dans les tendances natives, dans la sélection sociale, qui élimine les erreurs collectives et individuelles ; dans la discipline émanant de l'expérience personnelle, de l'exemple, de l'imitation, de la réciprocité des rapports mutuels, de la collision des volontés, la conscience individuelle n'a souvent des aplombs moraux, des droits et des devoirs, surtout des devoirs, qui sont *la charge des droits*, qu'une idée obscure.

Composé d'instincts et d'habitudes, d'adaptations

et de conceptions, le sens moral est une résultante ; il participe, comme toute combinaison, des
caractères de ses éléments. On ne peut le
considérer comme une propriété essentielle et uniforme, car son niveau s'élève ou décline suivant
les dispositions des individus. Sans doute, le
temps et le milieu ont imposé à la conscience un
mode fondamental ; peu de gens sont entièrement
dépourvus de jugement ; les impulsions instinctives tendent de plus en plus à s'effacer pour
faire place aux mobiles de la raison. On ne peut
cependant se refuser à reconnaître que le sens
commun éprouve parfois des syncopes et que la
vérité et la justice ont souvent à défendre leurs
intérêts menacés ou méconnus. Le jugement s'égare
ou se déprave ; il a, comme le dit Rivarol, ses
sophismes et ses perplexités ; les passions l'oppri-
ment ou l'oblitèrent. A combien d'hérésies et de
violences n'a-t-il pas prêté son patronage ?
L'expérience de la postérité a réformé bien des
opinions ; elle a montré la caducité de bien des
systèmes consacrés comme obligatoires et définitifs.

De même que l'astronomie doit sans cesse
renouveler ses calculs, pour suivre les mouvements qui se produisent dans l'espace, il faut aux

hommes des points de repère constamment rectifiés, pour orienter leur conduite au milieu des conditions mobiles de l'existence. Montaigne déclare que *la marche des affaires du monde a plusieurs plys, coudes et encoigneures ; elle gauchit selon les temps, selon les besoins, selon les hommes.* Labruyère constate *qu'il ne faut pas vingt années accomplies, pour voir changer les hommes d'opinion sur les choses les plus sérieuses, comme sur celles qui leur ont paru les plus sûres et les plus vraies.*

Ainsi nommé, parce qu'il concentre et associe les notions multiples dont est formée l'intelligence, le sens commun est, comme tous les attributs de l'être pensant, susceptible d'alternatives et de restrictions. Quelque inébranlable que soit notre confiance dans nos propres lumières, nul n'a la même dose de sens commun, parce que le sens commun est une faculté acquise et que personne ne possède le même pouvoir pour la réaliser. N'en déplaise à Descartes, qui le considère comme la chose du monde la plus banale, la fragilité des sentiments et des croyances, la divergence des opinions, les fluctuations et l'incertitude dans l'appréciation et la critique des évènements, dans

l'application des lois, sont loin de justifier nos
prétentions à la sagacité. L'auteur des *Caractères*
juge que *le discernement est ce qu'il y a de plus*
rare après le diamant et les perles. La raison siège
au faîte de nos facultés. Si, parmi les individus
éclairés et capables d'analyser leurs convictions et
leurs actes, il en est beaucoup qui n'ont qu'un
bon sens précaire ou sont atteints d'une sorte de
daltonisme mental qui fausse la vision normale
de l'esprit, que dire des vagues aperçus de la
foule, qui n'est guère guidée que par l'empirisme,
les préjugés et les inspirations de ses penchants?
La vérité est plus ancienne que notre estime;
elle est indépendante de nos caprices. Il n'est pas
douteux que le sens commun n'ait besoin d'être
continuellement soumis au contrôle de l'expérience
générale et de se retremper sans cesse aux sources
de la raison et de la conscience. La sagesse
individuelle repose sur un porte à faux; elle ne
peut recevoir de stabilité et d'aplomb, qu'autant
qu'elle s'appuie sur la sagesse collective.

Bain distingue dans les actions morales deux
grandes classes : celles qui sont nécessaires au
maintien de la sécurité publique et celles qui sont
affaire de pur sentiment. Les unes sont uniformes

et immuables ; les autres varient suivant les temps et les milieux.

Spencer partage également le champ de la morale en deux catégories : les actions tendant à des fins personnelles sont intrinsèquement bonnes ou mauvaises, selon qu'elles ont pour l'individu des effets avantageux ou nuisibles ; celles qui affectent immédiatement ou secondairement nos semblables sont équitables ou injustes, suivant leur influence sur la condition des autres.

D'après Kant, la généralisation des motifs est l'étalon de la moralité des actes. On reconnaît qu'une action est conforme à la raison et au bien général, à ce signe que le motif de l'action puisse être érigé en une loi universelle que la raison impose à tous les êtres intelligents et libres.

L'effet principal de l'éducation est d'augmenter la somme des motifs qui dirigent notre conduite et de fortifier le moteur des impulsions. Plus l'individu est éclairé, plus il a de motifs à sa disposition et moins il est exposé à succomber sous la pression d'un seul. Des trois formes d'activité, qui sont l'instinct, le désir et la volonté, le premier correspond à la satisfaction des appétits ; le second relève de la sensibilité ; le mode volontaire est l'état de délibération caractérisé par la réflexion et par le choix. L'homme, en quelque sorte émergé de son organisme, a dû assouplir les appareils cérébraux, par l'influence immédiate qu'il a sur les représentations. L'éducation nous aide à franchir ces étapes et à réaliser l'habitude, cette possession de nous-mêmes qui est la marque de la liberté.

Le premier venu peut faire l'autopsie de ses actions et dégager leurs éléments et leurs origines. Prenons pour exemples les types communs auxquels se rapportent toutes nos volitions : si, de deux sensations, je choisis la plus agréable, j'agis instinctivement. Je sacrifie un plaisir à une action généreuse ; la subordination des motifs est déjà marquée du sceau de la réflexion et de l'activité libre. Un acte maîtrise les tendances de l'instinct et domine les entraînements de la sensibilité ; il porte le caractère du désintéressement et n'a d'autre stimulant que l'idée du devoir ; cet acte a une valeur morale, parce qu'il s'inspire d'un mobile supérieur, qu'il implique la délibération et l'effort et qu'il dépasse la sphère individuelle pour se rapprocher de l'idéal du bien.

A défaut d'éducation intellectuelle et morale,

nos jugements et notre conduite restent livrés à
l'arbitraire et à l'ignorance. On s'étonne que
l'enseignement de la morale, qui doit occuper le
premier rang dans tout programme sensé d'éducation, n'ait été si longtemps qu'un accessoire
négligé de l'enseignement scolaire. Singulière
méthode, qui soumettait l'art de penser et de se
conduire aux entraves de la routine et aux usur-
pations d'une pédanterie aveugle. S'il est utile
d'éclairer l'esprit par l'instruction, il est surtout
nécessaire de discipliner les appétits et de mettre
les volontés en état de défense. La moralité est plus
importante à la prospérité sociale que l'instruction elle-même. L'homme est l'artisan de ses
destinées. Toutes nos acquisitions, tous nos
progrès sont des conquêtes de l'éducation. L'activité, la modération, l'équité, la soumission
réfléchie sont le prix de luttes soutenues contre
la paresse, l'intempérance, l'intérêt, l'égoïsme et
l'orgueil.

Montaigne, qui recueille, commente et analyse
tout ce que l'antiquité a pensé avant lui, qualifie
d'inepte *l'institution qui a la science et non la
vertu pour but. Les sçavants, à qui appartient la
juridiction livresque, ne cognoissent aultre prix*

que de là doctrine et n'advoüent aultre proçéder en nos esprits que de l'érudition et de l'art. Nous, ne travaillons qu'à remplir la mémoire et laissons, l'entendement et la conscience vuides. Il faut, qu'avant tout le sçavoir change et meliore notre état imparfait. Nous ne sommes pas seulement des mémoires à remplir ; mais des esprits à développer, à discipliner, à moraliser, selon les aptitudes, les tempéraments, les caractères ; et ceux qui, comme notre usage porte, entreprennent d'une mesme leçon et pareille mesure de conduire, régenter plusieurs esprits de si diverses mesures et formes, ce n'est pas merveille, si, en tout un peuple d'enfants, ils en rencontrent deux ou trois qui rapportent quelque juste fruict de leur discipline. L'instruction donne des lumières ; l'éducation éclaire la volonté ; il faut que l'instruction soit escortée et soutenue par l'éducation. L'éducation dit Renan, c'est le respect de ce qui est réellement bon, grand et beau ; c'est la politesse, le tact, la délicatesse de conscience, toutes vertus qui ne s'apprennent que par la vie de famille.

Notre culture classique actuelle répond-elle bien aux exigences du programme ? On est obligé d'avouer que l'enseignement, toujours banal, fragmentaire et composé de spécialités étroites et morcelées, sans ensemble et sans harmonie, néglige encore de s'élever à des vues synthétiques. Il continue à délaisser la connaissance des lois générales de l'homme, de la société ; la coordination philosophique des notions et des rapports ; les tendances individuelles ; il s'applique plutôt à observer le dehors qu'à nous apprendre à regarder au-dedans de nous-mêmes, au lieu de s'attacher à stimuler la vitalité intellectuelle, à fonder et à consolider la moralité et à transporter dans l'esprit l'évolution, en ce qu'elle a d'essentiel et d'accompli. Locke affirmait que les écoles nous préparent plutôt pour l'université que pour la vie. L'important n'est pas de charger l'esprit de notions plus ou moins arides, qu'on oublie toujours ; mais d'inspirer le zèle pour le travail, l'habitude de la réflexion et le respect du devoir.

Parmi les penseurs qui se préoccupent de l'application des principes généraux d'éducation à la marche évolutive de l'esprit, Spencer est un de ceux dont le commerce est le plus profitable. Son livre de *l'Education intellectuelle, morale et physique* contient l'esquisse d'une philosophie pratique et des enseignements propres à régler la

progression normale de l'intelligence sur le
développement naturel de l'organisme et à fixer les
conditions rationnelles d'une préparation complète
à tous les genres d'activité. Les groupes humains
ont été des sociétés instinctives, avant de devenir
des sociétés politiques. Les mêmes errements et
la même gradation s'observent dans la genèse
individuelle. Depuis qu'il a été reconnu que le
développement de l'intelligence reproduit les
phases de l'évolution historique de l'espèce ; que
la vie de l'individu est un résumé de l'histoire de
la race et que l'intelligence débute partout par
l'empirisme, l'observation et l'expérience, avant de
s'élever aux conceptions exactes, on a fondé les
méthodes d'enseignement sur cette prédisposition
à acquérir les connaissances dans un ordre déterminé par le degré de maturité et d'énergie de
l'instrument intellectuel.

La nécessité de l'assimilation successive et
ordonnée des acquisitions s'impose d'autant plus,
que l'esprit n'est capable de comprendre le
complexe, qu'autant qu'il a saisi le simple ;
qu'une intelligence qui n'a pas suivi cette évolution
graduelle est dépourvue de lucidité et que la sûreté
des jugements, la droiture des actes et la fortune

de la vie dépendent de la précision des notions réalisées et des conséquences qu'elles comportent pour la direction de la conduite. Si la rectitude des pensées dépend beaucoup des habitudes de l'intelligence, se rattachant elles-mêmes à l'intégrité de l'organisme, elle relève en grande partie des influences artificielles auxquelles l'esprit a été soumis. L'avenir physique, intellectuel et moral de chacun de nous relève de l'hérédité ; mais notre conduite n'est pas inscrite dans les organes. L'hérédité est la transmission, non des qualités ; mais des dispositions organiques d'où elles émanent. Il est d'ailleurs bien évident que l'hérédité n'implique pas nécessairement la répétition des types. L'adage *tel père, tel fils* est une généralité, plutôt qu'il ne constate une fatalité inévitable. La manière d'être se relie presque toujours à la direction imprimée aux penchants par l'éducation, le milieu et la volonté. D'ailleurs, bien des cas particuliers échappent à la transmission ou ne s'y rattachent qu'en raison de l'intensité d'action des agents modificateurs des conditions organiques. De même que les influences antérieures sont toujours accompagnées de dissemblances affectant la forme plastique des organisations, l'individualité, l'étude et la raison modifient les tendances. Chacun est comptable de ce qu'il a reçu et l'échelle des responsabilités est graduée d'après le titre des facultés. Elles sont un capital susceptible de plus-value ; leur amoindrissement est une banqueroute.

Les fatalistes subordonnent notre conduite aux arrêts du destin : *ducunt fata volentem ; nolentem trahunt.* C'est l'esclavage de la volonté.

Les tenants du libre arbitre absolu, négligent les influences qui pèsent sur nos résolutions.

Le déterminisme ou la détermination par les motifs, aussi rigoureux dans l'ordre des volitions, que la loi de causalité dans l'ordre physique, n'admet qu'une liberté modérée par les circonstances de temps, de milieu, d'éducation, l'état de l'organisme, la subordination des sens et le degré de libération de l'esprit.

Lavater, en disant que *l'homme est libre comme l'oiseau dans sa cage,* entend qu'il peut se mouvoir dans des limites déterminées et que sa liberté est circonscrite par les obstacles résultant de son organisation particulière, de son degré de culture, de ses aptitudes et des circonstances extérieures.

Pour d'autres, la liberté de l'homme est illusoire ; il ressemble à un individu emporté par le courant d'une rivière et s'efforçant de lutter contre l'entraînement, malgré l'inutilité de la résistance : *volens quò nollem perveneram.*

Celui, dit Luys, qui s'imagine avoir autorité sur l'évocation des idées est dupe d'une sorte de mirage. *Il ne s'aperçoit pas qu'il obéit au second temps d'un mouvement dont le premier temps s'est préalablement effectué. Quand je crois penser un objet, par un effort spontané de mon esprit, le territoire des cellules où cet objet réside s'est déjà mis en vibration automatiquement dans mon cerveau. Alors que je crois commander, je ne fais que suivre une direction où je suis inconsciemment engagé. C'est la carte forcée du prestidigitateur, avec l'apparence de la liberté du choix.*

Hobbes distingue la liberté d'agir de la liberté de vouloir : *bien peu ont appris que l'homme n'est pas libre de vouloir. Cette vérité ne se trouve guère dans les livres. Ce qu'on trouve dans les livres ; ce que les poètes chantent ; ce que les pasteurs et les docteurs enseignent dans les églises et dans les universités ; ce que tout le monde s'accorde à reconnaître et ce que je sais moi-même, c'est qu'un homme a la liberté d'agir, s'il veut agir. Mais personne ne se demande s'il a la liberté de vouloir. Je me reconnais libre, en ce sens que je puis agir si je veux agir ; mais dire que je peux, si je le veux, vouloir me semble un propos absurde.*

Spinosa pense que la liberté humaine consiste simplement en ce que les hommes ont conscience de leur volonté et non des causes qui la déterminent.

On ne peut, en effet, nier l'influence de la motivation et admettre l'indépendance absolue des volitions, sans faire des évènements humains des effets sans cause ; des lois psychologiques et de l'enchaînement ordonné des faits et des idées, une succession de hasards incohérents ; des généralisations tirées de l'expérience pour l'explication de la causalité, une vision chimérique ; une illusion de la logique intrinsèque des choses. L'histoire n'est pas une sorte de physique sociale appliquée à l'étude de phénomènes soumis à une évolution inflexible. Les faits humains ont bien, comme les faits naturels, leurs lois de composition et de succession ; mais ils dépendent de la réflexion qui les conçoit et de la volonté qui les réalise.

Le causalisme n'est donc pas incompatible avec la liberté, puisqu'il repose sur l'antériorité de notre action. Les volitions ne sont pas primitives ; on ne peut vouloir sans objet ; elles se réfèrent toujours à des choses extérieures qui les inclinent, en tant que motifs, vers une détermination. Le témoignage de la conscience atteste, non l'indépendance des volitions ; mais notre empire sur les organes, c'est-à-dire la liberté des actes ; il affirme que la condition nécessaire de nos résolutions réside dans les motifs qui inspirent et provoquent les impulsions et les mouvements. Leur degré de nécessité correspond au niveau de l'intelligence, de l'éducation et de la moralité, — puisque les motifs traversent l'entendement, avant de se frayer un chemin jusqu'à la volonté. Il est donc certain que la conception de la vérité et du devoir émane de la conscience plus ou moins affranchie des impulsions instinctives et plus ou moins éclairée par le discernément, condition essentielle du mérite des manifestations.

Le légiste marque d'une manière générale la mesure de la responsabilité, et concilie le déterminisme avec la pénalité, en disant que les prédispositions et les impulsions natives admettent quelquefois l'excuse; mais que les passions acquises l'excluent presque toujours. L'homme est responsable, non parce qu'il veut; mais parce qu'il raisonne. Sa responsabilité repose sur l'aptitude à reconnaître la valeur et les conséquences des actes volontaires. La qualité des volitions est déterminée par le motif, qui est la condition causale des mouvements.

Parmi les individus dénués de sens moral, il y a des sourds et des aveugles. Il y a aussi des rebelles. La répression elle-même distingue la responsabilité morale, qui vise l'état des consciences, de la responsabilité légale, qui ne regarde que l'extérieur des actions. Toutes les législations excusent les actes commis par les personnes inconscientes et dans une situation d'esprit excluant la libre détermination de la volonté. Celui qui juge les actions des autres n'est que trop enclin à leur attribuer, par une

sorte de projection automorphique, ses propres
idées et ses propres sentiments. Les hommes
n'ont pas la même somme de conscience. Il s'est
fait jour que le pouvoir de résistance aux impulsions varie d'une personne à l'autre, autant que
la force musculaire, et que dans bien des cas, les
déviations de l'intelligence, émanant de certains
états pathologiques de l'esprit, où l'intelligence
reste intacte, alors que la volonté est réduite à
l'impuissance, sont plutôt justiciables de la juris-
prudence médicale que des lois répressives.

Exception faite des entraînements irrésistibles
des impulsifs, où le reflet des choses dans le
miroir de la pensée s'inscrit directement dans les
actions ; chez qui *l'idée est mère du fait*, et dont
les actes affectent une forme explosive et voisine
des états épileptoïdes, on peut donc dire que la
criminalité des individus agissant sous l'empire
d'une passion véhémente est difficilement excusable, parce qu'à la responsabilité de l'acte se
substitue la responsabilité des passions, c'est-à-
dire la destitution de la volonté ; les personnes
sensées ayant toujours le pouvoir de prévenir le
naufrage de la raison. La criminalité n'envahit
pas brusquement la conscience ; sa marche est

lente ; la raison et la sensibilité s'insurgent longtemps contre les défaillances et les dégradations qui la déterminent.

VI

Les perspectives d'activité et de progrès s'éten-
dent à perte de vue. Un jour viendra, où, l'incurie
qui règne actuellement, quant à l'amélioration de
l'homme, fera place à la culture raisonnée et au
respect mieux entendu des préceptes de l'hygiène,
dans ses rapports avec la propagation de l'espèce.
Pour être au-dessus de l'animal, l'homme n'en est
pas moins soumis aux lois générales de l'animalité.
Il est d'ailleurs clairement démontré que la
constitution mentale se rattache à la conformation
physique, puisque l'intelligence est une fonction
de cerveau et que la fonction est transmissible
avec l'organe.

Notre indifférence est pourtant à peu près
absolue, à l'égard des influences étiologiques, des
anomalies et des incompatibilités qui déterminent
la dégradation des types et l'avortement des
destinées. Plus soucieux d'améliorer les autres
races que de perfectionner la nôtre par la viricul-
ture, nous nous contentons d'adapter *in animâ*

vili les méthodes d'appareillement et de sélection, comme, si elles ne nous étaient pas applicables. La législation elle-même, qui se montre si rigoureuse, lorsqu'il s'agit de prévenir la propagation des maladies contagieuses chez les animaux, se préoccupe à peine des maladies humaines transmissibles, bien que la survivance des caractères soit sans cesse confirmée par les enseignements de la biologie.

Les éleveurs, qui savent que l'organisation et les aptitudes se relient à des tendances antérieures, ont depuis longtemps trouvé le moyen d'improviser par la voie générative les modifications physiologiques appropriées à des besoins spéciaux. Cette culture donne chaque jour des preuves incontestables de l'influence exercée par des croisements calculés sur les caractères naturels. On lit partout que le roi de Prusse a formé des régiments de colosses, en appliquant à ses soldats un système de sélection qui a peuplé, dit M. de Quatrefages, les environs de Postdam d'une *race de géants*. Avant le roi de Prusse, Platon prescrivait aux magistrats *d'unir les plus belles femmes aux plus beaux hommes*.

Beaucoup de nos clartés ne sont que des

reflets. Les anciens législateurs avaient revêtu l'hygiène d'un caractère sacré, en l'associant aux devoirs. Leurs instituts, qui sont l'expression des lois naturelles, contiennent des enseignements du plus haut intérêt sur l'hérédité cérébrale et sur l'intégrité physique et intellectuelle des individus et de l'espèce. Ils avaient reconnu que la connexion des lois organiques et des lois mentales est si étroite, que l'homme prospère ou s'abaisse, selon qu'il observe ou qu'il néglige l'ordre régulier et constant des principes. Sachant que la constitution anatomique détermine l'exercice de la fonction, ils tenaient grand compte de l'influence des dispositions organiques sur les facultés affectives et les qualités mentales. La perpétuité de la tradition et la physiologie moderne s'accordent pour proclamer l'excellence de leurs observations.

L'Exode de Moïse enseigne que *l'expiation des vices paternels retentira jusqu'au sein des générations à venir*. Treize cents ans avant l'ère chrétienne, les Hindous avaient formulé un code de l'hygiène, dont les préceptes confirment les malédictions bibliques : *des mariages louables naîtra une postérité sans reproche ; des mariages*

9

répréhensibles, une postérité méprisable….. Ceux qui portent des infirmités dues à des fautes commises dans une naissance précédente seront exclus des cérémonies. Confucius interdit le mariage aux époux dont l'âge est disproportionné ; aux individus notés d'infamie ; atteints de vices constitutifs ou héréditaires ; dont les mœurs sont suspectes.

Solon se représente les dieux comme accomplissant la justice à leur heure et non à la nôtre, ce qui donne aux évènements de ce monde une apparence de désordre et de hasard ; mais le châtiment des fautes est inévitable et, s'il n'atteint pas directement le coupable, il retombe toujours sur les têtes innocentes de ses enfants.

Plutarque montre que *les enfants sont une dérivation de l'essence même de leurs pères et que ce qu'il y a en ceux-ci de principal est précisément ce qu'ils ont donné à leurs fils. Il ne doit donc pas sembler étrange qu'il y ait entre l'être générateur et l'être engendré une sorte d'identité capable de soumettre le second à toutes les conséquences de la manière d'être du premier.*

Montaigne voit *escouler des pères aux enfants,*

oultre les marques du corps, une ressemblance d'humeurs, de complexions et inclinations. Là-dessus se fonde la justice divine, punissant aux enfants la faulte des pères. Qui de nous ne retrouve dans ses enfants ses propres tendances ?

Plusieurs médecins dont le nom fait autorité ont signalé les dangers de certaines alliances tolérées par la loi et dénoncé la projection des difformités de toute sorte et de toute origine. D'autres ont fait appel aux prohibitions. Ils pensent que la législation enfreint les lois naturelles, en permettant des unions malencontreuses portant le stigmate des diathèses de famille, l'imprégnation d'un état pathologique, le germe des maladies héréditaires et d'une mortalité précoce. Ils s'attachent à persuader les familles qu'elles disposent de leur avenir sanitaire ; à démontrer que les anomalies se surajoutent ou se dégradent, en raison de la convergence ou de la divergence des facteurs, et que la liberté individuelle doit fléchir devant l'intérêt social.

L'inventeur du téléphone, Graham Bell lui-même, a signalé la nécessité de cette subordina-

tion. Se plaçant au point de vue particulier de la
surdi-mutité, il soutient que la tolérance des
mariages entre sourds-muets accumule les tares
héréditaires et détermine une sélection néfaste qui
tend à créer une véritable race d'infirmes.

Nous ne sommes pas mieux préparés, malgré
les enseignements de l'expérience, à introduire
dans nos mœurs la juridiction médicale, qu'à
rechercher les moyens d'enrayer la marche des
déchéances, par le contrôle légal de la reproduction des dégénérés, des anti-sociaux et des
impotents de toute catégorie. Loin de poursuivre
dans leur foyer les causes de dégradation de
l'espèce, nous ne songeons ni à les écarter ni à
purifier le milieu qui les engendre. A vrai dire, il
est difficile de légiférer en pareille matière.
Comment sonder les dégénérescences, déterminer
leur degré, marquer les limites de l'action légale?
Quand on aura répandu la notion des lois de
l'hérédité, les gens sensés tiendront compte des
exclusions qui en découlent. Avant de prendre
l'avis du banquier, ils consulteront le casier
pathologique : *fortes creantur fortibus et bonis.*

L'éleveur s'attache à scruter la généalogie des reproducteurs ; il ne faut pas que l'homme, qui créȩ la famille, s'accouple au hasard, comme les animaux abandonnés à leurs instincts sexuels. Tel qui s'empresserait d'éloigner de la reproduction un cheval taré, n'hésite pas à confier à des êtres dégénérés le sort de sa descendance. *Et majores et posteros cogitate.*

On dit qu'à New-Yorck, le recrutement des agents de police est entouré de plus de formalités, précautions et garanties, que nos enquêtes matrimoniales. Etat physiologique, constitution, santé, moralité, on leur demande un tel ensemble de qualités, que bon nombre de nos conjoints seraient incapables de répondre aux exigences de cette candidature.

C'est pour n'avoir pas tenu compte des affinités originelles, des déviations amenées par les mariages consanguins ; de la décrépitude des races exclusives, et avoir perdu de vue que la prospérité de la vie organique est liée à l'antagonisme des attributs physiologiques, que les familles qui se recrutent dans leur propre sang, les castes nobiliaires, les sectes religieuses qui réprouvent l'alliance des étrangers, paient un tribut si considérable à la dégénération. *L'eau non renouvelée se corrompt.* Les agronomes s'opposent à l'auto-fécondation des sujets qu'ils élèvent ; ils préviennent leur abâtardissement par le renouvellement des reproducteurs. Si les hommes, dit Pierre Charron, *se font à l'aventure et à l'hasard, ce n'est merveille si tant rarement il s'en trouve de beaux, bons, sages et bien faicts.*

L'hérédité régit toutes les fonctions de l'organisme et toutes les formes de l'activité vitale. Quand la vérité aura fait *alliance avec le temps* ; que la diffusion des lumières de la physiologie aura mis en évidence le parallélisme de l'hérédité organique et de l'hérédité psychique et nous aura convaincus du pouvoir du perfectionnement du corps sur le développement et l'harmonie des facultés, et de la certitude que nous imposons à notre postérité les conséquences de nos habitudes, des considérations d'ordre supérieur viendront se substituer aux convenances artificielles, aux calculs intéressés et aux trafics méprisables qui constituent nos usages.

Les observations journalières montrent l'influence exercée par les passions sur l'équilibre des actes fonctionnels et, en particulier sur l'acte procréateur. Elles prouvent que l'état passionnel des générateurs dépose ses empreintes dans l'organisme. Il est effrayant de penser que le plus léger trouble dans l'évolution d'un germe laissera sa trace dans l'histoire d'un être et de ceux qui s'y rattachent. Les anciens attribuaient une grande importance aux dispositions des parents. Ils croyaient que la contemplation habituelle du beau contribue au perfectionnement de la forme humaine. Au temps de Périclès, les Grecs avaient remarqué la coïncidence fréquente de l'élévation de l'intelligence et de la beauté plastique. Les découvertes archéologiques, ce *memento* caractéristique des sociétés, permettent, en effet, de saisir un rapport sensible entre la perfection physique développée par une culture soutenue et la supériorité des productions contemporaines de l'esprit.

Tout le monde reconnaît un sens psychologique à l'ajustement des traits du visage et on s'accorde à prévoir une relation organique entre la beauté physique et la distinction de l'esprit. Nous considérons l'aspect fuyant du front, la proéminence des mâchoires, la saillie des pommettes, qui caractérisent le type bestial, comme les éléments de la laideur et les signes de l'infériorité de l'esprit ; les traits opposés, comme l'accompagnement ordinaire de la culture mentale.

Sans doute, on rencontre des caractères élevés derrière des physionomies laides ou vulgaires et une belle apparence peut masquer l'incapacité et la petitesse ; mais les exceptions n'infirment pas la loi et on peut dire que le dessin général de la face et son expression sont très-fréquemment l'indice de la constitution mentale. Cette corrélation s'explique, si l'on songe que la répétition des jeux de physionomie, représentant l'état de l'esprit, les imprime dans l'individu et dans la descendance. L'habitude de froncer le sourcil, l'air dédaigneux, le serrement des lèvres, etc., sont pour tout le monde l'enseigne transmissible de la concentration, de la suffisance, de l'énergie, etc.

On a toujours pressenti l'action des influences affectives et mentales sur le développement organique de l'enfant et ce n'est pas sans raison que la croyance populaire, qui relie les difformités congénitales aux dispositions d'esprit de la mère, attribue la répercussion des ébranlements et des désordres de source maternelle à l'extrême sensibilité du même système nerveux régissant la relation vitale de deux organismes.

L'auteur du *Traité de la sagesse* atteste que la première partie de l'éducation est antérieure à la naissance : *elle n'est pas estimée et observée avec une telle diligence qu'elle doibt, combien qu'elle aye autant et plus de part au bien et mal des enfants, tant de leurs corps que de leurs esprits, que l'éducation et l'instruction après qu'ils sont nés. C'est elle qui donne la substance, la trempe, le tempérament, le naturel ; l'autre est artificielle et acquise et s'il se commet faulte en ceste première partie, la seconde et la troisième ne la répareront pas.* Quand doit-on commencer l'éducation de l'enfant ? Cent ans avant sa naissance, dit le physiologiste Holmes.

L'éminent professeur Legrand du Saulle parlait, dans ses conférences de la Salpêtrière, de l'influence pathogénique des évènements du siège de Paris, des troubles d'évolution et des stigmates indélébiles observés chez les enfants conçus ou nés pendant cette période sinistre. En outre d'une mortalité exceptionnelle, il a trouvé sur quatre-vingt-douze *enfants du siège* soixante-quatre fois des anomalies physiques, intellectuelles ou affectives. Il n'hésitait pas à rattacher ces désordres à l'état psychique des générateurs, déterminé par les angoisses, les alarmes et les excès de cette triste époque. Un travail récent sur l'accroissement de la criminalité chez les enfants montre que la fréquence de leurs désordres s'élève en proportion du degré de l'immoralité des parents, représenté par leurs condamnations.

L'infériorité organique des enfants conçus dans le délire de l'ébriété a été l'objet de remarques fort anciennes. Diogène reprochait aux avortons de Corinthe d'avoir été engendrés dans l'ivresse. Amyot disait que l'ivrogne ne produit rien qui vaille. Montaigne recommande une sobriété absolue aux époux qui veulent se créer une famille. Les ouvrages spéciaux signalent de nombreux exemples de déviations amenées par l'intempérance ; ils la représentent comme une source de dégradation, de vices et de crimes et comme une cause active de détérioration et de démoralisation de l'espèce.

Legrand du Saulle a connu un ménage où les relations conjugales n'avaient lieu qu'à certains jours de surexcitation bachique et qui n'a produit que des enfants imbéciles.

Maudsley rapporte que le père de sept petits idiots était toujours ivre ou venait de l'être ou allait le devenir. De huit enfants qu'il avait eus, les sept premiers avaient été victimes de ses excès. Ayant dissipé son avoir et ne pouvant plus s'enivrer, il eut un dernier enfant exempt de toute dégénération.

Brown-Séquart a montré qu'un désordre fonctionnel, comme l'épilepsie, produit artificiellement sur des animaux, par l'hémi-section de la moëlle, se transmet à leur progéniture et que les produits issus des mêmes parents, après leur guérison, sont affranchis de cette névrose.

Guislain établit, dans ses leçons sur les phréno-pathies, l'origine de toute une génération d'idiots ou d'imbéciles, sortis d'une mère adonnée à la consommation des liqueurs fortes.

Guyau cite une famille ayant pour ancêtre un ivrogne et qui produisit en soixante-quinze ans un nombre considérable de malfaiteurs, d'infirmes et de prostituées.

Enfin, de nombreux auteurs ont reconuu que

bèaucoup d'enfants dégénérés avaient été engendrés dans une période de saturation alcoolique.

Il est donc évident que les habitudes d'intempérance des parents agissent comme facteurs pathogéniques héréditaires sur les produits de la conception et que les enfants d'ivrognes sont voués à la déchéance. Elle suit, dans les lignées d'intempérants, une progression croissante. Les excès et la dépravation ouvrent la marche ; à la seconde génération apparaisseut les accès maniaques, la paralysie générale, les tendances hypochondriaques et homicides. L'idiotie couronne cette succession d'avilissements.

L'instruction judiciaire et l'observation clinique relèvent journellement des cas de criminalité infantile dus à l'action médiate de l'hérédité alcoolique. Il ressort des statistiques que les propensions scélérates sont dix fois plus nombreuses chez les enfants d'ivrognes. L'ivresse est l'enfance de la folie, dit quelque part un médecin légiste ; elle consomme aisément la ruine de ceux qui sont victimes de fâcheux hasards originels.

L'alcoolique agit sous l'impulsion animale ; son affaiblissement cérébral lui ôte le pouvoir de résister aux suggestions de ses passions. Il est malfaisant dans sa personne et dans sa postérité. Une enquête officielle sur l'alcoolisme, considéré au point de vue de la criminalité et portant sur l'examen de trois mille condamnés, établit que les trois quarts des fauteurs de violences contre les personnes sont des ivrognes. Les infirmités psychiques des dégénérés, déséquilibrés, obsédés, persécutés, etc., ont fréquemment la même origine. L'académie de médecine attribue à l'alcoolisme l'affaissement dont nous constatons les tristes effets dans la famille et dans la nation.

L'alcoolisme remonte à la plus haute antiquité. Les instituts hygiéniques des Egyptiens, des Hindous, des Perses, des Hébreux, des Chinois, renferment des commandements péremptoires, en vue des désordres et des égarements de l'ivresse. On a cherché de tout temps à réprimer l'alcoolisme, parce qu'on l'a toujours considéré comme un péril social. Les législateurs distinguent l'ivresse accidentelle de *l'ebrius*, résultat immédiat d'une intoxication aiguë, de l'ivrognerie chronique de *l'ebriosus*, entraînant la déchéance physique, intellectuelle et morale. Ils considèrent le premier comme atteint d'une folie artificielle et voulue qui implique la liberté et l'imputabilité des actes. L'ivrognerie invétérée amène des désordres cérébraux et des lésions de l'entendement qui engendrent des manifestations contraires à la morale et à l'ordre public.

Aristote pose en principe que ceux qui s'abandonnent aux excès sont responsables de leur irresponsabilité, comme ayant abdiqué leur liberté.

Quintilien, considérant l'homme qui transgresse les lois de la tempérance et se rend coupable, sous l'empire du vin, d'une action originairement réprouvée, regarde l'ivresse comme une aggravation ; il voit un mal dans la cause et un mal dans l'effet et réclame deux peines : l'une pour le délit ; l'autre pour la circonstance étiologique de ce délit. Pour considérer un malfaiteur ivrogne comme moins coupable qu'un criminel sobre, il faut, en effet, admettre qu'il est d'autant plus excusable qu'il est plus vicieux.

La loi grecque n'admet pas l'ivresse comme une excuse des délits. L'ivresse elle-même est un délit ; un délit ne peut être élevé au rang d'excuse : *ebrius punitur propter ebrietatem*. A Rome, les peines sont doublées, quand elles s'appliquent à

des ivrognes. Un édit de François Ier leur
infligeait la prison ; en cas de récidive, on les
fustigeait en public, on leur coupait les oreilles ;
on les bannissait. En Angleterre, le législateur
incline à l'adoption de la loi romaine. A New-Yorck,
les ivrognes sont condamnés à remplir les offices
serviles de la salubrité publique. La loi française
prononce l'amende, la prison, la privation des
droits électoraux. Une disposition récente déclare
déchus de la puissance paternelle et de tous les
droits qui s'y rattachent les parents condamnés
pour cause de récidive en moins d'un an du délit
d'ivresse publique et ceux qui, par leur ivrognerie habituelle, compromettent la santé, la
sécurité ou la moralité de leurs enfants. Malheu-
reusement, la loi ne crée pas les mœurs ; la
pénalité elle-même n'atteint qu'une bien faible
partie des désordres qu'elle poursuit.

Le congrès de Saint-Pétersbourg envisageant
l'ivresse et l'ivrognerie au regard de la législation
pénale et de l'aggravation ou de l'atténuation de la
criminalité, estime qu'elles ne donnent lieu à
répression que dans le cas où elles se manifestent
publiquement par des actes scandaleux ou
dangereux. Il adopte des mesures coërcitives, telles

que la séquestration dans une maison de travail, à l'égard des ivrognes d'habitude tombant à la charge de l'assistance ou se livrant à la mendicité.

Il semble qu'à toutes les époques et dans tous les pays, l'homme cherche à s'évader de lui-même, comme pour fuir ses misères ; mais il ne parvient qu'à les aggraver, en exaltant l'imagination, au préjudice de la raison et de la conscience.

VII

La nécessité de la domination des penchants,
au point de vue du régime des idées et de la
direction des actes, est indiquée par la tolérance
des organes. Au-delà de ces limites, les passions
abandonnées à elles-mêmes acquièrent une
modalité pathologique et déterminent, par leur
action sur les circulations locales, des altérations
qui sont la cause de la plupart des maux indi-
dividuels. Contractés ou dilatés, les vaisseaux
reçoivent plus ou moins de sang et les organes
deviennent le théâtre de névroses congestives ou
ischémiques, amenées par les désordres de l'innervation vaso-motrice. L'envie, la haine sont
oppressives ; elles refoulent le sang de la périphérie
vers les régions profondes, où elles entretiennent
un état congestif. Le remords, la colère, l'hypocrisie
contractent les appareils de la digestion et de la
circulation. Hufeland envisage la concentration et
l'attitude contrainte des hypocrites comme
l'expression d'un état spasmodique les disposant

10

aux affections viscérales. Il considère la franchise comme une sorte de détente résolutive et comme un moyen de prolonger la vie.

Quand l'homme est entièrement développé et qu'après l'âge de vingt ans, il paraît devoir opposer le plus d'énergie à toutes les causes de destruction, il se manifeste, au contraire, un minimum dans les degrés de la viabilité. Si la mort fauche dans les rangs de la jeunesse un si grand nombre de sujets, c'est parce qu'à cet âge on se sert de l'imagination pour s'exciter à l'intempérance et aux excès de tout genre. Il serait à désirer que la jeunesse trouvât dans les leçons de l'hygiène et de la physiologie la démonstration rigoureuse de la nécessité des bonnes mœurs. Retenue par une intimidation salutaire, elle se respecterait davantage. L'étude des forces vitales, qui se dépriment à la suite des excès; celle de la sensibilité, qui se pervertit et s'épuise, par l'outrance des sensations; celle de nos grandes fonctions, dont le mécanisme se détériore pour jamais par les abus, fourniraient matière à de précieux enseignements. De telles notions donneraient aux principes de la morale, que nous négligeons, parce qu'elle nous paraît trop spécu-

*lative, une sanction rationnelle, un point d'appui
solide pour la direction de notre conduite.*

Spencer résume d'un mot ces considérations
judicieuses du professeur Devay, en disant que
tout préjudice porté volontairement à la santé est
un *péché physique.* Les péchés contre l'ordre physique, tant ceux de nos ancêtres que les nôtres,
altèrent l'équilibre général de l'organisme et
ruinent l'existence.

*Pour raidir, l'âme, dit Montaigne, il faut
durcir les muscles. Plus le corps est faible, dit
Rousseau, plus il commande ; plus il est fort, plus
il obéit.*

La tradition biblique pénètre la science de la
vie sous son triple aspect physique, moral et
social. Elle met à l'index le libertinage, qui conduit
à une mort précoce, à travers une existence pleine
de dégoûts et d'infirmités, ceux qui ont eu la
faiblesse d'échanger la somme de leurs énergies
vitales contre les plaisirs éphémères et dépressifs
de la sensualité.

S'il est vrai que la vie physique est l'axe de la

vie intellectuelle, on peut affirmer que l'observation
des règles propres à assurer la conservation de
l'énergie et l'accomplissement des devoirs présente
un caractère rigoureux d'obligation. Mais la
faculté de se façonner soi-même n'est pas le
pouvoir de transformer subitement l'organisation
mentale. Il n'y a d'effets permanents que ceux
qui se produisent par degrés. La virilité et le
caractère ne s'improvisent pas. La volonté est un
édifice construit sur l'instinct, la sensibilité et la
raison ; et la vie cérébrale est une lutte perpétuelle
entre la volonté et les entraînements de la
sensibilité. Des types inférieurs de l'automatisme
et du désir, elle s'élève à l'activité réfléchie, pour
atteindre son maximum de puissance dans la
résistance aux oppressions physiques et passionnelles. La volonté et l'effort culminant de notre
développement; elle ne s'apprend que par la
pratique et l'application. Tous nos actes mentaux
comprennent à la fois des éléments sensitifs et des
éléments moteurs ; la tendance de ces derniers à
se traduire en actes est plus ou moins vive,
suivant le degré de l'individualité et la culture de
l'esprit.

L'expression motrice des états sensoriels de

l'enfant, qui n'est guère qu'un être spinal, aux spontanéités sans racines, est soudaine. Aucune réaction consciente n'intervient pour arrêter la communication du mouvement nerveux aux muscles. La transformation en mouvement des excitations s'effectue également sans résistance chez les individus passifs, parce qu'elles ne sont pas neutralisées par l'inhibition. On voit, au contraire, la tendance motrice perdre de son intensité, à mesure que l'intelligence s'élève et que le pouvoir d'arrêt de la réflexion permet de dominer les états affectifs et de dériver les impulsions, en évoquant des principes d'action suspensifs ou antagonistes. Les prédispositions, les provocations, l'ignorance, l'exemple, peuvent engendrer des désordres passionnels ; la volonté a le pouvoir de réprimer les mouvements qui les manifestent.

Il serait digne des penseurs, de s'attacher à la propagation des idées d'ordre et d'obéissance aux lois supérieures. La conscience laisse isolés les préceptes qu'elle nous dicte ; il n'est que trop facile aux instincts mal contenus de nous égarer et d'ébranler nos résolutions. Elle n'oppose qu'un soldat à l'ennemi du devoir; l'enseignement systématique lui opposerait une légion. Tout homme non destitué de la conscience de ses actes peut détourner son esprit d'un ordre d'idées et de sentiments, changer leur direction, rectifier ses conceptions et régler l'action du dehors. L'éducation et le perfectionnement des idées éclairent les mobiles et communiquent aux déterminations une valeur morale. Plus l'esprit est éclairé, plus la raison est capable de soutenir la lutte contre les penchants transmis ou acquis. L'exercice de la volonté nous permet d'acquérir, en donnant audience à la réflexion, le moyen de nous dégager des entraves de l'instinct et de la tyrannie des choses; de nous délivrer des suggestions qui obscurcissent la vue de l'intelligence; de coordonner les pensées et de leur imprimer, dans la mesure de notre indépendance, la rectitude qui les rapproche de l'idéal du bien, dont chacun a la conception plus ou moins claire. Se conquérir et se gouverner, c'est la plus grande des victoires.

L'idée du devoir, dit la romancière Elliot, *cette discipline de la volonté, par laquelle nous sommes amenés à reconnaître quelque chose qui dépasse la pure satisfaction de notre égoïsme, est à la vie mentale ce qu'est à la vie animale l'addition d'un grand ganglion. Aucun homme ne peut commencer à se façonner lui-même sur le patron d'une foi ou d'une idée, sans s'élever à un ordre supérieur d'expérience. Un principe de subordination, de travail sur ses instincts a été introduit dans sa nature ; il n'est plus un simple paquet de nerfs, d'impressions, de désirs, de passions.*

Réunir en un corps de doctrine les lois élémentaires de la physiologie, de la psychologie et de la morale, au double point de vue du régime des idées et de l'habitude ; montrer que le devoir implique l'obligation, parce qu'il est un acte dont l'omission entraîne un dommage inévitable ; mettre en lumière les susceptibilités de l'organisme et les effets de l'éducation personnelle sur les forces vitales, c'est la tâche élevée, l'œuvre salutaire qui s'imposent aux méditations des savants et des philosophes. Bossuet lui-même insiste sur la nécessité de rallier la physiologie humaine à la morale et de fonder sur la physiologie la théra-

peutique spirituelle. Les savants s'empareront
des esprits, en renonçant aux théories sur la
nature morte, pour entrer dans la pratique de
l'application. On ne peut avoir la prétention de
refouler les passions et les instincts par des
abstractions, *spiritus magni magis quàm utiles*,
tandis que la démonstration des devoirs et le
témoignage des faits s'appuient sur des réalités
plausibles. C'est élargir la morale, que d'y faire
pénétrer la notion de l'utile ; c'est l'affermir,
que de la fonder sur la connaissance de
nous-mêmes.

En mettant leurs enseignements à la portée de
tous, les savants ne tarderont pas à éventer les
pièges et à ruiner l'industrie pernicieuse du
brocantage littéraire, qui spécule sur notre ignorance et notre faiblesse. La plupart des publications
populaires sont remplies de rêveries insidieuses
ou de provocations insolentes, plus capables de
déplacer le centre de gravité de l'esprit, que de
faire naître des impressions raisonnables ; de
mystifier le sens commun, que d'éclairer l'intelligence. La mission de l'art est d'honorer l'homme,
d'élever les sentiments et les idées et de préférer
les plaisirs de l'esprit à la surexcitation des sens.

Au contraire, la littérature d'imagination, reniant les traditions de l'ancienne esthétique, ne se complaît que dans l'expression physique des passions et dans les difformités. L'esprit ne peut prospérer que par l'épuration des idées. On ne saurait nier que le prosélytisme de l'immoralité, qui compte tant de victimes parmi les instinctifs, ne soit une cause active des tendances perverses qui égarent la conscience et subjuguent la pensée.

Les contagions psychiques, les impulsions oppressives émanent de la provocation et de l'exemple. L'exemple et l'imitation ne sont autre chose que la représentation et la transmission à autrui des impressions de la sensibilité ; le rayonnement, la suggestion, la répétition des manifestations communiquées. L'exemple emprunte sa force à la solidarité des consciences et à l'abdication de la volonté. Les individualités passives ont toujours été accessibles à la pénétration d'autrui. La représentation d'un acte engendre une tendance à cet acte. Le monde est rempli de Panurge qui provoquent l'imitation ; il est encombré de moutons qui s'y activent. Non qu'il s'agisse

des modes de sentiments se transmettant d'une
personne à une autre par suite de l'échange des
idées ; mais seulement des émotions communiquées
directement par leur expression, comme dans
l'imitation du bâillement, du rire, de la frayeur, etc.
Bouchut déclare que le spectacle de la mauvaise
tenue, de l'inconduite, de la licence est aussi
dangereux par leur contagion, que celui des
névroses convulsives ou vésaniques. On a justement comparé l'esprit à un diapason dont les
vibrations se réfléchissent à distance. Les médecins
expérimentés tiennent grand compte de l'imitation
dans la production et la guérison de certaines
maladies ; la thérapeutique elle-même peut trouver
de puissantes ressources dans les pratiques
dévotes, les récits de cures miraculeuses, les
remèdes en vogue, etc.

Les névropathies hallucinatoires, extatiques,
spamodiques, multipliées par l'imitation, jouent
un grand rôle dans l'histoire. Sans remonter aux
filles de Milet, aux convulsionnaires du moyen-
âge, à la démonomanie du dernier siècle, aux
morts volontaires de Versailles, etc., etc., les
médecins de nos jours publient des observations
positives sur la radiation et la contagion des

aberrations nerveuses, Bouchut rapporte que dans un atelier de quatre cents femmes, cent quinze ouvrières sont atteintes de mouvements convulsifs, à la vue d'une crise hystéro-épileptique. Sur cent cinquante jeunes filles de la paroisse de Montmartre, témoins d'un accès du même genre, quarante sont prises de syncopes convulsives.

Dans tous les pays, dans toutes les conditions, à tous les âges, les impulsions imitatives se multiplient. Les faits qui se sont passés du onzième au treizième siècle ne laissent pas de doute sur la nature imitative de la crédulité. On a vu des masses considérables, surexcitées par des prédications exaltées, entraînées de tous les points de la France et de l'Allemagne, pour aller à la délivrance de la Palestine. Cent ans plus tard, des bandes de flagellants parcouraient les pays du nord de la France, en mutilant leurs corps, pour expier les péchés de leurs contemporains. C'est l'origine de l'épidémie connue sous le nom de *danse de Saint Guy* et de toutes les manifestations cloniques de la chorée.

La sorcellerie, qui se montre encore de nos jours, était très-répandue au moyen-âge. On voyait des bandes d'hallucinés se réunir pour pratiquer le culte du diable et se livrer à des manœuvres bizarres et abominables.

La tendance à la prophétisation s'est manifestée à différentes époques sous forme d'épidémie. La *bible : Samuel, chap. 19, verset 20*, présente un exemple typique de cette monomanie communicative : Saül envoya par trois fois des archers pour s'emparer de David, qui fuyait ses persécutions. Ces soldats, ayant rencontré un parti de prophètes, se mirent aussi à prophétiser. Saül prit alors en personne le commandement de sa troupe ; mais il fut saisi lui-même de *l'esprit du Seigneur* et il prophétisa comme les autres.

Maudsley (Crime et Folie) rappelle qu'on regardait les prophètes de l'ancien testament comme des insensés : Rois : 8, 11 ; Jérémie : 29, 56 ; Isaïe : 59, 15. L'expérience médicale interprète leurs *inspirations célestes* comme des indices d'insanité mentale répercutée : exagération du sentiment de la personnalité, agitation, extase épileptique, visions, on voit journellement des manifestations du même ordre se produire et se communiquer, sous forme expansive ou dépressive, chez les maniaques religieux des asiles.

Au dire du professeur Hartmann, les Arabes

désignent sous le nom de *ragle* une surexcitation
mystique dérivant de l'imitation et accompagnée
d'hallucinations et de délire, qui fait beaucoup de
victimes parmi les populations de l'intérieur de
l'Afrique.

Grégoire, Gustave de Beaumont, Necker de
Saussure, Pinel, etc , ont été témoins de faits
analogues de suggestion par la vue et par le
contact. Ils ont passé en revue toutes les manifestations de la théomanie, depuis le ravissement de
l'extase, qui s'accompagne d'hallucinations de la
sensibilité et d'excitation sexuelle, jusqu'aux
impulsions aveugles de la fureur maniaque. Ils ont
vu, en Amérique, des congrégations de forcenés
se livrer à des emportements d'exaltation et de
fanatisme d'une violence inouïe. Des milliers de
personnes de tout âge, de toute couleur, de toute
condition, assemblées pour évoquer *l'Esprit*,
bondissent, hurlent, écument, se tordent, se
pâment. Ces scènes étranges, qui rappellent les
ébats frénétiques de nos convulsionnaires ivres
d'eau bénite, multiplient les transports d'agitation
et le nombre des aliénés.

On sait jusqu'à quel point, dans nos journées de révolutions, les instincts les plus sauvages se donnent carrière. Personne n'ignore non plus les exploits des ramassis de garnements qui répandent la terreur, en se livrant à une série de forfaits copiés sur ceux des héros de roman ou de cour d'assises.

L'histoire contemporaine est remplie d'observations qui attestent que les procédés oratoires mis en œuvre par les sectes religieuses, dans le but de raviver la foi ou de convertir les impies; la terreur inspirée par les descriptions de l'enfer, ont provoqué partout des désordres nerveux et la propagation du délire.

Les épidémies de possession, de dansomanie, d'hystéro-démonopathie, observées dans le cours de ces dernières années à Morzines, à Versegnies, à Plédran, à Jaca, à Alban, etc., relèvent des mêmes causes, suivent la même évolution et présentent le même caractère de mouvements cérébraux et d'émanations nerveuses communiquées par l'exemple.

Les orateurs dominent leur auditoire et suscitent en lui les transports de l'émotivité. Il n'est personne qui n'ait ressenti le choc des entraînements des multitudes passionnées par les excitations. Les écrivains nous captivent et nous imposent une orientation ; ils gouvernent l'idéation et la sensibilité des foules.

L'aptitude de l'organisme et de l'esprit à réfléchir les impressions, les idées et les sentiments qui les sollicitent est donc mise en évidence par des faits de suggestion qui ne laissent aucun doute sur la captation des personnalités passives, par les exemples, les discours et les écrits et sur leur pouvoir comme mobiles des mœurs privées et publiques. Nous sommes enveloppés d'une sorte d'atmosphère spirituelle peuplée de sentiments et de pensées que chacun s'assimile inconsciemment par une sorte de phénomène d'osmose nerveuse.

Le nombre est limité, de ceux qui peuvent

s'élever à la notion abstraite du devoir. L'influence muette de nos premiers précepteurs ; le culte, dans le temple de la conscience, des principes d'ordre, de vérité, de justice et de droiture, qu'ils nous ont aidés à découvrir et à comprendre, peuvent devenir les régulateurs de notre conduite. Ceux qui suivent sans délibération et avec certitude de bien faire les traditions respectées de la famille, comme ceux qui s'abandonnent sans résistance aux inspirations d'un entourage perverti, sont pénétrés de cette influence.

Si le bien se communique, le mal se multiplie et les exemples de dérèglement ne peuvent engendrer que le désordre. Les moralistes ont toujours signalé les effets de cet entraînement sur le dynamisme intellectuel. La chronique des manifestations du vice représente avec précision l'influence suggestive de l'exemple. Pour bien des gens, le nombre des idées inspirées dépasse de beaucoup la somme des idées réfléchies. L'assi-milation passive est même tellement impérieuse, chez les individus prédisposés par une organisation flexible ou d'une mentalité pauvre, que les feuilles publiques enregistrent par séries les faits d'entraînement et de contagion instinctive.

L'impressionnabilité nerveuse de certains sujets favorise à tel point le développement des phénomènes de transmission, qu'il n'est pas de scandales, de scènes tragiques, de crimes retentissants qui ne suscitent des imitateurs. Les procédés mis en œuvre par les malfaiteurs de tout ordre inspirent eux-mêmes des plagiaires. Les suicides amenés par la lecture des écrits pessimistes ; la provocation des actes criminels par les récits et les spectacles prouvent que les exemples de découragement et de perversité bouleversent la sensibilité et irritent les passions de certains individus non affermis par l'éducation et la moralité.

Les hygiénistes rapprochent ces excitations des outrages aux mœurs ; ils considèrent les désordres amenés par les provocations de la presse comme *des ulcères appelant la cautérisation de la censure,* tant que la faculté de tout dire ne sera pas compensée par le pouvoir de tout juger. Examinant la liberté d'écrire, au point de vue de la contagion, ils montrent que le paradoxe et la licence détendent les ressorts de la moralité et affaiblissent la discipline des consciences ; que le retentissement donné aux scandales de toute espèce est une sorte de propagande et

11

que la divulgation des méfaits ne manque jamais de grossir les dossiers de la criminalité. Non seulement la presse enseigne le manuel opératoire du crime ; mais elle suscite ou renforce des tendances qui auraient pu rester à l'état latent. Quelques publicistes, le directeur du journal *le Morning Herald*, par exemple, sont tellement convaincus du pouvoir et des dangers de l'imitation, qu'ils ferment leurs écrits au récit des actes criminels.

La publicité par l'image, cette gravure de l'idée, qui commente les textes, devient elle-même un moyen de dépravation :

Segniùs irritant animos demissa per aurem
Quàm quæ sunt oculis subjecta fidelibus.

Tous les phénomènes nerveux, intellectuels et moraux des personnes au milieu desquelles nous vivons sont plus ou moins contagieux, suivant nos dispositions. Ce sont ces mouvements dit Richet, *qui soumettent ou émancipent les esprits ; c'est par leur propagation et leur influence qu'ils s'élèvent ou s'abaissent et se communiquent leur énergie ou leur faiblesse.*

Sénèque déclare que le chemin de la sagesse

est plus court par les exemples que par les préceptes ; l'expérience nous apprend que les incitations rendent la voie du vice plus glissante et plus rapide. . Le sérieux de la pensée et le respect de soi-même sont le frein des désordres de mœurs et d'idées encouragés par les mauvais écrits et les mauvais exemples.

Contrairement à l'opinion de Sénèque, Kant recommande la maximation comme offrant le caractère le plus général de la *raison pratique*. On pense aujourd'hui que le moyen d'exercer sur les individus une influence morale est de diriger les actions, avant d'enseigner des formules. Chacun est conduit a se créer des règles de conduite, variables en raison du genre de vie, et *ceux, dit Herbart, qui évitent de pratiquer les maximes n'oublient jamais de maximer leurs pratiques.* L'enseignement des théories doctrinales les plus topiques ne convertit personne ; il ne saurait prévaloir contre les consultations de la conscience et les entraînements de l'exemple.

La conduicte de soy est le principal ouvraige de chascun. Assurer la conservation des ressources vitales, en habituant la sensibilité à mépriser tous les excès ; la raison, à détester tous les désordres ; résister aux assauts des penchants et se libérer du vagabondage des passions; contracter des habitudes réfléchies ; entretenir l'activité par une occupation régulière, voilà les fins de l'éducation personnelle.

L'avantage du travail n'est pas tant de nous procurer le savoir lui-même, que d'agrandir l'orbite de la pensée et son profit réside plutôt dans sa poursuite que dans son achèvement. N'est-ce pas un devoir pour toute intelligence de se mettre à la recherche de la vérité? L'existence est un noviciat. On ne peut songer sans respect que son but est de discipliner la volonté et que l'homme s'ennoblit à mesure qu'il avance dans la vie morale : *Sapiens qui sibi imperiosus*. L'empire sur soi-même est la fin de la volonté, comme la connaissance de soi-même est l'avenir de l'intelligence. L'habitude du travail permet de dominer les facultés secondaires. Il est facile de concevoir que les efforts et l'application qu'il exige, en équilibrant et en répartissant les forces de l'organisme, dissipent ou préviennent les localisations vicieuses déterminées par la pathologie de solidarité qui gouverne les divers appareils.

L'ennui est un des satellites de la paresse et la punition de ceux qui méconnaissent la loi du travail. La langueur, l'engourdissement des gens *rongés* par l'ennui tiennent à la faiblesse de la conscience et au défaut de réaction personnelle. Leurs perceptions sont neutres et dépourvues de pouvoir suggestif. Les désordres de l'hypochondrie sont fréquemment le résultat du désœuvrement et de l'indolence. Taine offre aux mélancoliques et aux désœuvrés une consultation pratique: *s'imposer par journée deux ou trois heures d'une occupation d'esprit; n'y jamais manquer; s'en faire un point d'honneur; voilà le remède salutaire. Peu à peu on s'intéresse à la chose qu'on étudie; on fait par attrait ce qu'on faisait par effort. On contracte un goût; on prend intérêt à quelque chose; on voit dans l'avenir un but; tous les jours on comble quelque lacune dans ce qu'on sait; on y rêve involontairement dans les heures vides. Peu à peu la langueur s'en va et on se retrouve actif et fort.* L'hygiène mosaïque a condensé dans une brève maxime les prescriptions de l'expérience: *sois prompt dans toutes tes actions ; la maladie ne viendra pas t'assaillir.*

La vie s'use par les excès ; elle s'abrège par l'inertie. Nous possédons, dans l'état de santé une certaine quantité de force provenant de la nutrition. Si cette force n'est pas consommée en travail, l'oxydation des matériaux assimilés est incomplète et l'excédent de recette sur la dépense se transforme en causes pathogéniques. Plutarque dit qn'un homme qui croirait trouver la santé dans l'inaction commettrait la même erreur que celui qui, sous prétexte d'améliorer sa voix se condamnerait au silence. *L'oisiveté ressemble à la rouille, dit le bonhomme Richard ; elle use beaucoup plus que le travail ; la clef dont on se sert est toujours claire.* L'oisiveté nous livre aux agressions morbides. A défaut de règle de conduite et d'aspirations définies, l'esprit se replie sur lui-même pour se repaître de chimères et susciter des troubles de l'innervation. *L'âme se pipe plutôt elle-même, se dressant un faux subject et fantastique, que de n'agir contre quelque chose.* Satiété, lassitude, nosomanie, intempérance des appétits, telle est l'escorte ordinaire de la vie oisive.

La prédominance de la sensation, c'est-à-dire
la dérivation des éléments organiques, renverse
les pôles de la vie nerveuse et étouffe l'autonomie
sous le poids des impulsions animales. La
suraction locale ralentit et absorbe les activités
voisines. On ne connaît que trop les empiétements
de l'instinct et des exagérations passionnelles et
leur action dissolvante sur le sens moral, dont la
perte entraîne toutes les déchéances. Chez les
viveurs adonnés aux plaisirs grossiers d'une vie
sans idéal, où domine l'animalité, la légèreté de
l'esprit, l'irrésolution et l'impuissance accompagnent toujours l'abdication de la pensée. *Magnà
pars libertatis est benè moratus venter*. Voyez
les oisifs chercher dans la surexcitation des sens
des compensations aux ennuis du désœuvrement
et des expédients contre les perturbations
pathologiques dont il est la source. Blasés sur tout
sans avoir acquis la connaissance de rien, stagiaires
de la névropathie, candidats de l'imbécillité, ils
sont voués à ces maladies des centres nerveux
qui sont notre humiliation. Chacun de nos
organes a sa représentation cérébrale, où se

réfléchissent toutes leurs modalités. Les troubles fonctionnels, la prostration et l'éclipse de l'intelligence, l'obtusion des facultés, la décrépitude prématurée sont le partage de ceux qui ne savent pas *tenir l'appétit et la volonté soubs bouclé* et préférer les plaisirs modérés et continus à la saturation.

Cruvelhier s'exprime ainsi dans son Hygiène générale : *le cerveau est placé entre deux ordres de stimulations, dont les unes viennent de l'extérieur par les sens ; les autres, de la pensée. Tant que subsiste l'ordre physiologique, c'est-à-dire tant que chaque organe agit sous l'influence de son stimulant spécial, l'impression qui part des viscères est faiblement ressentie par le cerveau, qui y répond pour satisfaire les besoins qu'elle indique. Mais, lorsque la volonté est faible, la réaction des viscères et, en particulier, des sens alimentaire et génital, empiète sur le cerveau et s'exerce sur cet organe d'une manière tyrannique. Alors, la liberté périclite, l'harmonie des fonctions est troublée et l'homme, devenu esclave de ses instincts, marche à la ruine de ses facultés supérieures.*

Un grand nombre de nos maladies actuelles s'allument au foyer des passions. Le nervo-

sisme qui nous travaille est le produit d'une
existence surchauffée ; il joue un rôle si considérable dans les prédispositions vicieuses, que les
hygiénistes lui attribuent la moitié des névroses
mentales et des psychopathies transmises ou
originelles.

La disproportion entre la civilisation matérielle
et l'avancement de l'intelligence, autrement dit,
entre le développement de la sensualité et l'éducation de l'esprit, est une cause effective du
malaise social. Il serait superflu d'insister sur les
conséquences manifestes de ce défaut d'équilibre
et de démontrer que l'avidité des satisfactions
physiques est à la fois l'antagoniste le plus
redoutable des intérêts de l'esprit et la source de
la plupart des désordres qui ravagent l'organisme,
livré sans contre-poids à toutes les agitations de
la vie nerveuse.

Taine étudiant les désordres de l'intelligence
au point de vue de la genèse des égarements
individuels et des troubles sociaux, signale le
mépris des devoirs et la perversion des esprits
comme des symptômes d'abaissement. L'histoire

note les désastres accumulés par le déchaînement des instincts et l'effervescence des vanités, l'ébranlement des mœurs et des idées ; les dérèglements des passions oisives. Elle montre combien l'écart entre l'avidité et les aptitudes ; les visées et les capacités personnelles, déprime le sens moral. Tous les cœurs français frémissent d'indignation et d'horreur au souvenir de l'entreprise impie et des criminels excès d'une tourbe d'infatués, d'ambitieux pathologiques, de déclassés, de fainéants, de forcenés, de scélérats, qui ont profité de nos derniers malheurs, pour nous infliger le honteux spectacle de l'outrecuidance, des insanités et des furies de la psychologie morbide. Tant il est vrai que chez les paresseux aveuglés par l'ignorance et par l'orgueil, l'assouvissement des passions ne se préoccupe ni de la mesure des aspirations ni de la moralité des moyens.

Brillat-Savarin dit que la soif artificielle des ivrognes est inextinguible, parce que les boissons qu'ils prennent pour l'apaiser ont l'effet immanquable de la faire renaître. Les appétits immodérés sont insatiables, parce qu'ils s'alimentent de leur propre ardeur.

Que ceux qui vivent dans la servitude des
passions et des appétits consentent à prêter
l'oreille aux enseignements de la morale appliquée :

Invidus, iracundus, iners, vinosus, amator,
Nemo adeò ferus est mitescere non possit,
Si modò culturæ patientem commodet aurem.

Qu'ils se donnent la peine de comprendre que
l'accomplissement des devoirs généraux dérive
les penchants vicieux, en même temps qu'il fonde
et qu'il exerce le caractère.

La vie de famille a le pouvoir de nous dégager,
par la culture des facultés affectives, des inclinations exclusives qui sont le lot de toute existence
privée de direction et dépourvue de but. La
charge d'élever des enfants plie les facultés à la
discipline la plus élevée des sentiments et de
l'intelligence. La vie de famille est l'école de
l'abnégation ; l'association conjugale en est le
conservatoire. Union coopérative dans l'art de
vivre et dans la pratique des actions utiles à la
prospérité de la maison ; milieu naturel de la

mutualité et de l'éducation morale, elle inspire les idées de détachement de soi-même qui nous éloignent des instigations de l'égoïsme et qui distinguent l'homme complet des êtres inférieurs, dont l'intelligence n'est que la préoccupation de l'intérêt personnel ; la sensibilité, un instrument de jouissance. Il n'y a, selon le mot de Fontenelle, pour ces individus réduits à l'esclavage des appétits, de bonheur parfait qu'avec un mauvais cœur et un bon estomac.

Croire que le but de la vie n'est que de jouir, c'est condamner l'esprit à l'indigence et à la paralysie. La vie de l'homme de plaisir, parasite du travail des autres, est une vie manquée. Elle laisse oisives les facultés supérieures, dégrade l'esprit et prive la conscience du bénéfice de toute activité fructueuse. Les improductifs sont ceux qui ont le plus de besoins. On les voit s'affranchir des devoirs élémentaires, se retrancher derrière de prétendues idées générales plus ou moins platoniques, n'exigeant surtout ni efforts ni sacrifices. Le genre humain n'a plus rien à souhaiter quand ils sont assouvis. Vivant en marge de la société, subordonnant tous les intérêts à l'individualisme, aux capitulations de conscience au bien-être matériel, à la quiétude, ils regardent l'existence comme une carrière de voluptés ; considèrent la famille comme un fardeau ; la morale comme une entrave et remplacent les élans généreux par de commodes théories centrifuges doublées d'égoïsme et de bassesse.

Quelle que soit notre condition, nous devons exercer notre activité, sous peine de dégradation, et apporter dans notre conduite une économie régulière. Le travail offre un refuge contre les entraînements et un remède contre l'inertie de la volonté. Il assure à la fois la santé physique et la sérénité de l'esprit, en entretenant la continuité normale des voies de communication entre les régions psychiques, qui commandent le mouvement, et les appareils qui le transmettent. Plus d'un sujet disgracié ou déchu doit au travail une restauration physiologique et intellectuelle.

A ne l'envisager que sous le rapport des avantages qui en découlent pour la discipline des sens et des ressources qu'il garantit pour l'utilité de la vie, on négligerait un de ses aspects les plus instructifs. Un labeur soutenu apporte, avec l'oubli des préoccupations stériles de l'égoïsme, la joie du devoir accompli et légitime les satisfactions qu'il procure. Celui qui a lutté pour les nécessités de l'existence connaît le prix de ses efforts ; il entend jouir paisiblement du fruit de sa vaillance ; il comprend que les acquisitions et la prospérité d'autrui ont droit à la même sécurité et il méprise cette vulgarité de l'esprit qui se traduit par le dénigrement, l'envie des supériorités et les aspirations passionnées vers une égalité chimérique. Le travail est la source de la dignité et du contentement de soi-même, aussi respectable dans le cœur du plus humble artisan, que dans le cœur du premier ministre. *Non emolumento aliquo sed ipsius honestatis decore.* Il y a de la moralité dans l'exercice de tout devoir ; de la culture, de la liberté dans tout effort ; de la raison et du calcul dans toutes les tâches ; de l'idéal et de l'art dans toutes les habiletés. Xénophon découvre l'esthétique jusques dans l'arrangement des ustensiles de cuisine.

Pas de bonheur sans la liberté et la liberté est surtout la conviction que nous sommes nos propres maîtres et le pouvoir de faire le bien. Se gardant, dans la vie matérielle et dans la vie

affective, de la dissipation et de l'indolence ;
assujettis à des habitudes d'ordre et de modération,
les hommes laborieux et sensés ne nourrissent
pas d'idées subversives. Ils prennent pour ce
qu'ils valent les discours, les écrits et les exemples ;
ils préfèrent les enseignements de la raison aux
exagérations et aux sophismes qui inspirent le
dégoût de la réalité ; ils sentent que les droits de
l'ordre sont ceux-mêmes de la raison et de la
justice et ils comprennent que c'est lâcher la proie
pour l'ombre, de préférer l'allégement trompeur
et passager résultant de l'oubli du devoir aux
avantages solides et durables de sa pratique,

Vir bonus quis est ?
Qui consulta patrum, qui leges juraque servat.

L'expérience journalière atteste que la résistance
aux obligations qui constituent le devoir est le
propre des esprits étroits qui confondent la liberté
avec l'affranchissement de toute contrainte et qui
sont assez dépourvus de jugement pour méconnaître le mérite de la soumission légitime au
principe de l'autorité.

L'organisation sociale est une hiérarchie
ouverte ; mais la subordination est le lot du plus

grand nombre. Les premiers rangs appartiennent
aux privilégiés de l'intelligence. Quoi qu'en disent
les déclamateurs, la culture intellectuelle est le
seul moyen de préparer l'émancipation des
individus et de les préserver d'un radicalisme
aveugle, plus jaloux des droits que soucieux des
devoirs ; n'ayant de zèle que pour secouer les
contraintes et licencier les disciplines, et pour
qui toute règle de conduite est un esclavage ;
toute supériorité, une oppression ; tout ordre
régulier, une tyrannie.

L'état social exige le concours de tous au
maintien de l'ordre ; la seule base d'une société,
c'est la solidarité garantissant la sécurité des
personnes et des acquisitions. A mesure que la
conscience s'éclaire, elle réprime l'individualisme,
afin de l'empêcher de prévaloir sur l'intérêt
collectif ; elle ne le tolère, qu'autant qu'il contribue
à l'utilité publique, parce qu'il ne devient légitime
qu'à la condition de s'appuyer sur le bien général
et que la sureté sociale ne peut être mise en péril
par le désordre qu'engendre la poursuite des fins
d'intérêt privé. Mutualité des services, échange de
sacrifices, maintien rigoureux de l'ordre, voilà le
ciment de la vie sociale.

Montesquieu définit la liberté : *le pouvoir de faire ce que l'on doit vouloir : le droit de faire tout ce que les lois permettent. Si un citoyen pouvait faire ce qu'elles défendent, il n'y aurait plus de liberté, parce que tous les autres auraient le même pouvoir.*

La société, dit Taine, *n'est pas construite par un législateur philosophe, d'après un principe simple ; ce sont les générations qui l'ont arrangée d'après leurs besoins multiples et changeants. Elle n'est pas l'œuvre de la logique ; mais de l'histoire.*

La discipline dont l'humanité primitive avait reconnu la nécessité est encore la pierre angulaire de la civilisation moderne. La permanence de l'ordre, associée aux aspirations sages d'une liberté modérée est toujours l'élément nécessaire du progrès. Les impatients qui s'imaginent pouvoir accélérer le travail de l'évolution sociale ne font la plupart du temps qu'en troubler ou en retarder le cours. Précipiter le développement de l'organisme social par des anticipations artificielles est aussi impossible que d'abréger l'élaboration lente et insensible qui préside à la croissance de l'individu. Ceux qui savent ce qu'il a fallu de temps, de luttes et d'efforts pour substituer des notions de moralité, de justice et de droit à l'ignorance et à l'arbitraire, comprennent jusqu'à quel point l'affranchissement progressif de l'esprit et une œuvre laborieuse.

Quelle que soit la forme des institutions, des lois et des mœurs, la société enferme les individualités dans des limites qu'elles ne peuvent franchir sans compromettre la sûreté et les garanties de l'organisation. Les sentiments moraux et sociaux sont la condition essentielle de l'existence en commun. On conçoit que, sans une morale réelle, les caprices et les passions de chacun rendraient impossible le maintien de toute union sociale. La loi protège l'individu, tant qu'il reste maître de ses passions ; elle le contraint ou le frappe, quand, par la brutalité de ses instincts anti-sociaux, il met en péril l'ordre public.

La société est primitive. Si l'individu était antérieur à la société, il faudrait, dit Renan, *son acceptation, pour qu'il fût considéré comme membre de la société et assujetti à ses lois ; on concevrait, à la rigueur, qu'il peut refuser de participer à ses avantages et à ses charges. Mais,*

du moment, que l'homme naît dans la société
comme il naît dans la raison, il n'est pas plus
libre de récuser les lois sociales, que de récuser
les lois de la raison. L'homme ne naît pas libre,
sauf à embrasser ensuite la servitude volontaire ;
il naît partie de la société ; il naît sous sa loi. Il
n'est pas plus recevable de se plaindre d'être soumis
à une loi qu'il n'a pas acceptée, qu'il n'est recevable de se plaindre d'être né homme…. La cellule
de l'abeille ne saurait exister sans la ruche ; la
ruche a donc une reprise à exercer sur l'abeille.

Chacun se préoccupe du perfectionnement
social et du mérite des institutions qui le
préparent. Le moyen prochain de l'assurer et de
l'affermir, c'est de poursuivre avec la même
ardeur notre amendement personnel, qui est la
base fondamentale du progrès commun. *In me
omnis spes est mihi.* Autant la société actuelle
répugne à la tutelle oppressive de chefs ennemis
de ses aspirations, autant la dignité et l'intérêt
de l'individu réprouvent la tyrannie des passions
qui affaiblissent sa liberté. C'est que la liberté
consiste surtout dans la prédominance des pensées

sur les instincts. La justice et la vérité sont les dieux invisibles dont le culte nous inspire le sacrifice des passions et nous rapproche des mobiles plus élevés de l'ordre et du devoir. Il n'y a pas de conscience où ne soit entrée la notion de cette foi et de cette obéissance.

Le temps n'est plus, où l'individu, ignorant de ses droits et insoucieux de ses devoirs, abandonnait la gestion des intérêts collectifs à des maîtres indépendants. L'individu est relevé de sa tutelle ; il est devenu dépositaire d'une portion de souveraineté et l'avenir social est subordonné à son intelligence et à sa moralité, puisqu'il est affranchi de l'esclavage de l'ignorance, délivré des captations, et qu'il lui appartient d'apprécier, dans la plénitude de la raison et de la conscience, la valeur et les titres de ceux auxquels il confie ses destinées ; que la prospérité de la chose publique dépend de la solidité de son jugement, et qu'il doit être assez éclairé pour n'accorder sa confiance qu'à des hommes possédant une connaissance approfondie des activités sociales et des vérités économiques.

Solon disait qu'un citoyen ne peut se désintéresser des affaires de la cité. Ce devoir est devenu plus impérieux depuis que tout le monde concourt au gouvernement et à la défense du pays.

Se respecter comme agent moral ; corriger les déviations des tendances ; se fortifier par les méthodes personnelles ; mener de front le sentiment du devoir et de l'équité ; avoir le souci des intérêts généraux, qui ne s'accommodent pas plus de l'indifférence que du défaut de principes ; ne pas oublier que l'abaissement du caractère, le déclin de la moralité et le relâchement du sentiment de la subordination, non amendé par l'affermissement de l'empire sur soi-même, affaiblissent le lien social ; en un mot, faire passer dans les actes l'image de l'ordre ; c'est le programme en dehors duquel il n'y a d'avenir ni pour l'individu ni pour la société, parce que l'individu qui le perd de vue renonce à sa liberté et que la société qui le méconnait se voue à la servitude.

On s'est proposé, dans ce mémoire, de dégager les premières notions de la réalité et d'offrir une interprétation populaire des problèmes supérieurs à ceux qui redoutent l'appareil scientifique et le dogmatisme particuliers aux écrits philosophiques. S'il est admis que les aperçus élémentaires qu'il expose s'appuient sur la vérité, les enseignements qui en découlent peuvent servir d'introduction à la pratique du GOUVERNEMENT DE SOI-MÊME. Ils se recommandent à l'attention de ceux qui pensent que l'éducation individuelle est la condition antérieure et nécessaire de la discipline sociale.

Perfice te ut medium, perfice te ut finem.

A page 31. — A l'encontre du créationnisme, qui professe l'improvisation de la vie, le transformisme l'explique par l'évolution. Les corps vivants, comme les corps inertes ; la cellule, comme le cristal, empruntent à la matière universelle, partout semblable à elle-même, ainsi que le prouvent la chimie et l'analyse spectrale, leurs éléments constitutifs. L'unité est le fond des choses. Les corps simples dits irréductibles ; les facultés dites essentielles de l'homme disparaîtront devant une investigation plus profonde de la science.

Les corps vivants et les corps inertes, composés des mêmes substances diversement agglomérées et combinées, se sont tellement transformés dans le cours des âges, par la sélection, l'adaptation, l'habitat, l'hérédité l'hétérogénie, qu'il serait aussi impossible de remonter à la genèse de leur individuation, que de surprendre les premiers débuts de la sensibilité, cet attribut fondamental des phénomènes vitaux élémentaires, cette propriété fonctionnelle commune à tous les êtres animés, qui tient sous sa dépendance tous les actes de l'ordre physiologique et de l'ordre intellectuel, depuis la réaction aveugle du tissu le plus dégradé, jusqu'à la conscience des organisations supérieures.

N'assiste-t-on pas a l'éclosion de la sensibilité, quand

on voit le monde silencieux des corps bruts et des
végétaux répondre à certaines conditions de stimulation
et manifester des tendances électives, telles que
l'attraction et l'affinité ; un cristal mutilé, replacé dans
son eau-mère, se reconstituer dans les parties lésées,
par un travail de cicatrisation qui lui rend ses formes
primitives ; les graines, les ferments, les plantes,
paralysés par les anesthésiques, recouvrer leurs pro-
·priétés et leur action, dès qu'on les rend à leur milieu
naturel ; réagir contre les excitations de toute nature ;
accomplir des mouvements appropriés à un but
déterminé, etc. ?

L'unité de composition : — tous les corps vivants sont
constitués par du charbon uni avec trois gaz qui sont
les éléments de l'eau ; — le double courant d'assimilation
et de désassimilation ; la rotation et le contact qui relient
tous les êtres sont là preuve de leur solidarité. La terre
et l'eau fournissent aux plantes les tissus qui alimentent
les animaux ; ceux-ci restituent à l'inorganique les
prélèvements des végétaux.

On trouve sur les confins des *règnes*, qui ne sont par
le fait que des divisions empiriques, de nombreux
individus mixtes présentant des caractères ambigus et
que leur nature incertaine ne permet pas de faire
rentrer dans un cadre déterminé.

L'enchaînement des êtres naturels ne présente donc
pas de caractères différentiels absolus ; il n'admet que
des catégories de convention et les classifications établies

loin de présenter la distinction rigoureuse qu'on leur prête, ne répondent nullement à la réalité des faits.

Les découvertes de la biologie ne permettent plus de représenter la création comme une série de changements à vue étrangers à l'action d'une loi commune ; ni de considérer l'homme comme le produit d'une improvisation. Il n'a pas été placé subitement au sommet de l'échelle organique ; tout concourt à prouver son origine infime et son évolution graduelle. La loi de continuité, qui embrasse tous les êtres vivants, ne vient pas expirer aux pieds de l'humanité ; elle exclut l'immutabilité des espèces ; elle envisage les individus collectifs, l'homme ainsi que les autres, comme des groupements de colonies de cellules, des républiques fédératives d'éléments anatomiques mono-cellulaires que le temps a modifiés, hiérarchisés, disciplinés par des différenciations progressives dont l'antiquité échappe à nos chronologies.

On se ferait d'ailleurs, une fausse idée de l'évolution et de la descendance, en s'imaginant que l'organisation humaine est le résultat d'incarnations successives et de conversions lentes de l'une ou de l'autre des formes spécifiques. La science moderne voit dans l'action des milieux et dans les anomalies du développement fœtal la cause déterminante de la mutabilité. Sans s'arrêter aux lacunes des transitions et des types éteints, et s'appuyant sur les exemples actuels de variabilité et de filiation, l'embryogénie établit que l'ovaire de l'espèce zoologique la plus rapprochée a été le centre de formation des premiers représentants de l'humanité.

En résumé, les êtres vivants ne forment pas une échelle continue dont chaque espèce représenterait un échelon ; ils descendent les uns des autres par transformation. Il n'y a qu'une seule plante, depuis le végétal le plus inférieur, jusqu'au plus complexe, comme il n'y a qu'un animal du protozoaire à l'homme ; variant l'un et l'autre à l'infini dans la forme et dans l'organisation, suivant les conditions vitales. Constitués au début de leur existence par une seule cellule ; assemblage d'éléments inorganiques, tous les êtres vivants sont des multiples de cette unité ; leur structure et leur développement présentent un accord fondamental, une solidarité constante qui légitiment les généralisations biologiques les plus étendues. Formation des organismes primitifs aux dépens des substances brutes ; descendance d'un ancêtre unique ; hérédité ; sélection ; mutabilité ; progrès, tels sont les facteurs de l'évolution naturelle.

Les ancienneses théories prétendaient que les combinaisons organiques ne peuvent prendre naissance que par l'intermédiaire des phénomènes vitaux. L'inter-

vention de la *force vitale* a été écartée de la science par
la synthèse créatrice des composés organiques.
Berthelot reproduit de toutes pièces, par la synthèse
thermo-chimique, ou mise en jeu des forces moléculaires,
et par la seule action réciproque des corps simples,
inorganiques, inanimés, des composés organiques tels
que l'urée, l'alcool, le sucre, etc., etc. Il constitue ainsi
toutes les matières qui se sont développées depuis
l'origine des choses, dans les mêmes conditions, en
vertu des mêmes lois et par les mêmes forces que la
nature a fait concourir à leur formation.

Quand on voit, dit le critique Laugel, de telles
substances sorties, non du sein de la nature ; mais des
cornues du laboratoire, capables de féconder les germes
aujourd'hui existants, n'est-il pas permis de croire
qu'au moment où la vie a apparu sur le globe, elle a
pu surgir des éléments primitifs, et que les forces
chimiques ont pu produire et mettre à la disposition de
la vie les substances nécessaires à ses premières
manifestations ?

On travaille chaque jour à combler le gouffre entre
l'organique et l'inorganique et la science apporte sans
cesse de nouvelles preuves d'une différenciation
progressive de la matière universelle. Büchner ne doute
pas qu'il ne soit possible d'arriver, à l'aide de la chimie
synthétique, à provoquer le développement des formes
inférieures de la vie.

La vérité est qu'il existe entre les substances
inorganiques et les substances organisées une différence

capitale, qui a échappé jusqu'ici aux prises de la synthèse artificielle. La chimie étudie, reconnaît et assemble les matériaux qui contribuent à former l'édifice organique ; mais elle n'a pas le pouvoir de le construire. La physique observe les propriétés de la matière : mais elle ignore les causes de l'agitation atomique et la source des forces occultes qui la déterminent. Si la science décompose et reconstitue, à l'aide de leurs éléments, les combinaisons organiques ; si elle explique par la mécanique moléculaire la différenciation des cellules et la dissemblance des organisations émanant toutes de ces éléments identiques, elle est incapable de réaliser le mouvement et les forces qu'il engendre et de contraindre les corps simples à se constituer en substances plastiques, parce qu'elle ignore comment les corps simples s'unissent pour former la trame organique.

Un grand nombre de savants affirment la préexistence des germes vitaux répandus dans l'espace, comme une pépinière d'organismes importés sur la terre par les atmosphères des corps célestes et des nébuleuses cosmiques. D'autres considèrent l'eau comme le milieu primitif de tous les êtres et attestent l'évolution séculaire de la matière inorganique en matière organique. Les explorations sous-marines ont mis au jour des amas de pulpe albuminoïde résultant de la fusion de tous les éléments organiques. Ces agglomérations amorphes se nourrissent, se meuvent, sentent, se reproduisent. Des premiers degrés d'individuation de ce limon créateur, qui est le prototype et le canevas de toute organisation, naît la cellule, souche commune des corps vivants, atôme des corps organisés, multipliée et transformée à l'infini sous l'influence d'actions combinées dans le cours des âges, pour constituer tous les êtres.

Obscure, latente, diffuse, concentrée, accomplie, la vie est universelle et progressive. Son ordonnance merveilleuse proclame la puissance souveraine qui la constitue, l'entretient et la gouverne.

Haeckel, remontant aux humbles débuts de l'existence organique, pense que des mondes de protistes évanouis depuis de longs âges ont élaboré la matière de notre vie et de notre conscience. Il montre que l'unité de structure qui persiste chez tous les êtres vivants, au milieu des variations extérieures, atteste une origine commune et la parenté des différents cadres organiques.

L'évolution embryologique de l'homme offre la répétition abrégée des formes ancestrales et de la carrière incommensurable des espèces antérieures. *Aux premiers stades de l'existence, tous les embryons des vertébrés sont identiques. Celui de l'homme traverse en neuf mois la série des formes que ses ancêtres, de l'organisme sans organes de la monère au plus élevé des vertébrés, ont parcourue durant des millions d'années.*

Présentant d'abord l'aspect d'une vésicule homogène, il acquiert l'organisation d'un ver, passe à celle des vertébrés sans crâne ni cœur ni muscles ; puis, à celle d'un poisson, des amniotes, des vertébrés supérieurs sans branchies ; des mammifères placentaliens et de l'homme.

Les différences de conformation externe des êtres vivants ont résulté et sont encore la suite de la nécessité où ils ont été de s'adapter aux divers milieux dans le cours des âges géologiques. Les analogies de structure interne qui ont été conservées sont dues, au contraire, à l'hérédité. L'hérédité et l'adaptation dominent toute l'évolution organique et la théorie de la descendance et du transformisme relie entre elles toutes les questions de l'histoire naturelle, comme les lois de Newton ont relié entre eux tous les mouvements des corps célestes.

La conception unitaire et mécanique de la vie, exposée par le savant d'Iéna, réduit au mouvement moléculaire toute action intellectuelle. L'intelligence n'est que la somme des fonctions cérébrales et la totalisation d'activités reposant, en dernière analyse, sur des phénomènes matériels de mouvement ; activités progressivement acquises par l'adaptation lente et la sélection naturelle ; transmises et développées par l'hérédité ; fixées et fortifiées par l'habitude. *Il y a, dans toute nature vivante, les premiers éléments de toute vie psychique : le mouvement élémentaire d'attraction et de répulsion. Seuls, les degrés d'élaboration de l'intelligence, dont le pouvoir s'élève en raison de la complexité des organismes auxquels elle est indissolublement liée, c'est-à-dire en raison de la centralisation et de la division du travail des cellules, varient entre les différents êtres et nous conduisent progressivement, par une longue série de transitions ascendantes, de l'âme obtuse de la cellule à l'âme consciente et rationnelle de l'homme.* L'activité psychique de l'homme est donc réductible à des processus mécaniques et graduels de l'organisme ; et les organes de l'âme, étant constitués comme tous les autres par des cellules, leurs propriétés ne sont rien de plus que l'ensemble des fonctions de toutes les cellules constituantes. *Propter solum cerebrum homo est id quod est.*

L'intelligence est à tous les degrés de l'organisation. Il existe, entre le phénomène réflexe primitif et l'acte intelligent proprement dit, une suite de transitions ininterrompues. L'organisme inférieur, qui retire ses tentacules quand on le touche, accomplit une manifestation vitale obscure ; il n'est encore pourvu que d'un système nerveux rudimentaire. Plus tard, l'acte réflexe se coordonne et s'adapte à une fonction ; puis, un organe nerveux central se surajoute au réflexe ; le mécanisme se complète enfin par un ensemble d'appareils cellulaires où les impressions se digèrent, s'accumulent et se conservent. En sorte que les phénomènes se compliquent à mesure qu'on s'élève dans la série des êtres ; que le travail se divise, se répartit, se concentre par une sélection naturelle et que l'intelligence progresse en raison du perfectionnement

13

de ses organes. Actions réflexes ou mouvements de réponse aux incitations des forces extérieures ; instinct ou actes spontanés dits inconscients ; intelligence ou activité spontanée consciente d'elle-même, voilà les trois termes de la psychologie.

L'inconscience elle-même ne peut-être exclue de la psychologie. Qu'est-ce que l'activité psychique latente du rêve et l'automatisme des organes de l'esprit, sinon l'attention spontanée ? L'homme ressemble aux fleurs qui s'ouvrent la nuit, quand il se livre à un travail d'incubation et à des combinaisons de toute sorte ; qu'il interrompt son sommeil à l'heure convenue ; qu'il se révolte contre l'absurdité ou l'incohérence de certains rêves. La conscience reste étrangère au travail mental qui dégage au réveil des solutions vainement poursuivies pendant la veille, élucide les idées obscures, mûrit les desseins, résout les difficultés. *La nuit porte conseil* est un proverbe confirmé par l'expérience universelle.

Depuis l'irritabilité primitive jusqu'à la personnalité réfléchie, qui a conquis sa place à la tête des êtres vivants, la conscience s'élève, par une infinité de degrés, dont la progression régulière et continue, ne présentant ni lacunes ni transitions soudaines, montre que les origines de l'intelligence sont les origines mêmes de la vie.

B. p. 58. — Moleschott avait déjà émis l'opinion que *la pensée est un mouvemement de la matière et que, sans le phosphore, il n'y a point de pensée.* Le rapport déterminé entre cette substance et l'activité mentale a été confirmé par des travaux récents. Comme les excrétions physiologiques naturelles, les déchets du travail intellectuel se déversent au dehors de l'organisme, en passant par les urines, sous forme de sulfates et de phosphates. On a pu mesurer la quantité de travail mental produit dans un temps donné, par le dosage des sels éliminés, et démontrer que, l'alimentation restant d'ailleurs la même, la quantité de sels excrétés augmente en raison de l'intensité et de la durée du fonctionnement cérébral.

C. p. 58. — Les localisations cérébrales ne sont pas de simples métaphores. Sans doute; l'état de la phrénologie ne permet pas de déterminer avec une précision absolue les zones limitées et le siège topographique des facultés intellectuelles; mais on sait que le cerveau n'est pas un organe à fonctions diffuses et que les ébranlements sensoriels ou psychiques affectent des foyers distincts et un retentissement particulier; que la pensée se localise, lorsqu'elle provoque des mouvements associés; que les lésions anatomiques du cerveau se traduisent constamment par des troubles de la pensée, de la sensibilité et du mouvement, selon que ces lésions intéressent la substance grise des circonvolutions, les couches optiques ou les corps striés.

Les altérations des parties du cerveau affectées aux sentiments peuvent ne pas troubler l'intelligence. On la voit survivre dans toute son intégrité aux lésions des centres moteurs. Les troubles survenus dans la constitution des éléments organiques mis à contribution par 'a faculté du langage ne sont pas nécessairement liés aux perturbations fonctionnelles de la sensibilité, de la volonté, de la mémoire, etc.

Plusieurs groupes cellulaires moteurs et sensitifs, entre autres ceux des centres oro-linguaux, sont déterminés avec une telle exactitude, qu'on connaît les lésions circonscrites des désordres affectant la perception de la parole, l'expression des pensées par le langage articulé, les mouvements propres à la formation des caractères de l'écriture, et qu'on peut apprécier avec assurance la relation directe de ces lésions et des troubles qui en dépendent.

Claude Bernard, introduisant dans le sang des substances toxiques diverses, éteint isolément les propriétés de certains éléments nerveux et cérébraux. Les anesthésiques font disparaître la conscience et engourdissent la sensibilité, en laissant la motricité intacte. Le curare détruit la motricité et ne porte aucune atteinte à l'intégrité de la sensibilité, de la volonté, etc.

Ferrier a montré qu'en excitant telle ou telle région de l'écorce grise du cerveau, on détermine des réactions motrices isolées sur tel ou tel groupe de muscles et que la destruction de ces mêmes régions a pour conséquence l'abolition du mouvement et de la sensibilité dans ces parties.

En outre des exemples tirés de la physiologie, et qui prouvent indubitablement que tout désordre mental correspond à une lésion du cerveau ou à une action réflexe consécutive à l'état morbide d'autres organes, les faits empruntés à l'anatomie démontrent également la connexion nécessaire du cerveau et de l'intelligence. On n'a pas oublié les expériences de Flourens, pratiquant des coupes dans le cerveau des animaux et détruisant respectivement, en quelque sorte, couche par couche, leurs fonctions intellectuelles. Il anéantit telle ou telle catégorie d'impressions sensorielles par la lésion locale de leur tissu ; il supprime la sensibilité, la vision, l'olfaction, en détruisant tel ou tel noyau de la couche optique.

Les hallucinations visuelles, auditives, etc., unilatérales ou bilatérales différentes, qu'on observe chez les aliénés et dans la suggestion hypnotique, prouvent l'indépendance fonctionnelle des organes du mécanisme mental, comme les paralysies psychiques par suggestion de la sensation, de l'image, de la mémoire, de la volonté, de la motilité montrent que les modifications physiologiques de l'anesthésie, systématisée affectent des centres sensoriels distincts.

Claude Bernard, ayant supprimé, par l'ablation du cerveau, ses diverses manifestations fonctionnelles, voit reparaître l'usage des sens, les instincts et l'intelligence, à mesure de la régénération successive de l'organe.

Les diverses formes de la folie se relient elles-mêmes à des altérations organiques locales. Ne voit-on pas disparaître les troubles de l'intelligence et la raison revenir, quand l'état normal des fonctions est rétabli par la guérison des lésions pathologiques du cerveau ? On a vu maintes fois la destruction de certaines de ses parties effacer la mémoire de périodes entières de l'existence ; etc.

La doctrine des localisations répond donc à la réalité des faits. La pathologie et la physiologie sont d'accord pour limiter le domaine des régions motrices et sensitives ; elles démontrent que les altérations et les lésions organiques, loin de donner lieu indifféremment à des déviations quelconques ou à des désordres indéterminés sont en rapport constant avec la nature des troubles de l'activité fonctionnelle normale.

D. p. 58. — Mises en évidence dans le monde physique, les théories vibratoires tendent de plus en plus à s'accréditer dans l'explication du mécanisme mental. L'association des actions moléculaires se relie aux dispositions organiques ou fonctionnelles. Becquerel n'est pas éloigné de croire que l'électricité cérébrale émanant des combinaisons et des décompositions qui s'opèrent dans l'organisme, produit des idées, au lieu de chocs et d'étincelles ; et de voir entre celle-ci et la rapidité de la pensée, un air de parenté qui fait songer à la similitude du moteur et à l'identité des forces. La science explique ainsi par la mécanique moléculaire, la spécificité et l'harmonie des appareils vitaux, les conditions et le lien des excitations ; le passage de l'action moléculaire à la sensation, à la conscience, aux opérations de l'esprit ; en d'autres termes, la transformation des phénomènes physiques en phénomènes physiologiques et en phénomènes psychiques ; en un mot, la conversion en pensée des vibrations nerveuses. Elle rattache les sens à la direction et à l'application des forces ; elle considère l'organisme comme une sorte de rétine et de condensateur des mouvements ondulatoires.

L'organe nerveux est mis en relation avec le monde ambiant par les systèmes transpositeurs des sens, qui l'isolent des influences indistinctes du dehors, et dont le dynamisme, représenté anatomiquement par les glandes, les follicules, les membranes, les réseaux cellulaires, réside dans l'adaptation des appareils aux variations de pression ; dans l'affinité moléculaire,

l'endosmose, l'électricité sous toutes ses formes.
L'odorat et le goût relèvent des actions chimiques.
L'ouïe réfléchit les rapides variations de la pression de
l'air sur le tympan. La lumière qui impressionne la vue
est le produit des vibrations de la chaleur radiante.
C'est le nombre, la mesure, le mode, la coordination
des vibrations qui déterminent la nature des impressions.

Si l'on demande à la science pourquoi les cellules des
centres sensitifs ou idéophores, qui ne présentent pas
de différences morphologiques appréciables possèdent
des propriétés particulières, elle répond que leur
originalité et leur sensibilité spéciale se relient au
rythme vibratoire des molécules vivantes et à l'association
de ce mouvement aux ondulations de la matière.

E. p. 66. — L'étude scientifique de l'hypnotisme a ouvert à la psychologie expérimentale de nouvelles voies. En isolant et en amplifiant les états de concience, elle permet à l'observation de se livrer à l'analyse des phénomènes psychiques et d'interpréter un grand nombre de faits de notre vie mentale, regardés jusqu'à ce jour comme inexplicables.

Ainsi que les songes du sommeil naturel, les phénomenes psychiques de l'hypnose sont de véritables rêves ; mais des rêves suscités au moyen d'excitations sensorielles. La personnalité s'éclipse ; l'intelligence se dédouble ; la mémoire et la volonté se dérobent. Le sommeil artificiel amène le vide intellectuel dans le cerveau ; il produit une discontinuité des phénomènes de conscience de la vie normale, en substituant les formes passives à l'activité de l'esprit. Une idée unique étant introduite reste sans contre-poids et se réalise aussitôt en mouvements. Qu'il s'agisse de suggestions capables d'exercer sur les fonctions végétatives des perturbations organiques : purgation, vésication, brûlure, sueur de sang, etc., ou que l'on considère les suggestions hallucinatoires, impulsives, inhibitives, on constate une dissociation des éléments complexes dont se compose la conscience et l'impuissance de vouloir. La suppression de la spontanéité et l'indépendance de l'idéation exercent sur l'appareil vaso-moteur une action subversive.

Les physiologistes considèrent l'état hypnotique comme une hystérie provoquée ; ils expliquent ses manifestations par l'inégalité de répartition de la circulation nerveuse. L'un d'eux compare les régions sensitives-motrices de l'écorce cérébrale à un lustre éclairé de nombreuses lumières. Toutes allumées, c'est la veille ; éteintes à moitié, c'est le sommeil ; s'il n'en reste plus qu'une, c'est l'hypnose.

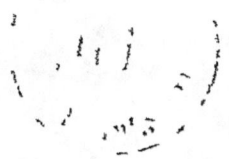

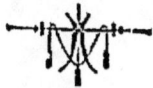

www.ingramcontent.com/pod-product-compliance
Lightning Source LLC
Chambersburg PA
CBHW072221270326
41930CB00010B/1943

9 7 8 2 0 1 2 8 2 5 1 5 4